Dits de divan

Valérie Blanco

Dits de divan

*Notions de psychanalyse
illustrées d'extraits de séance*

L'Harmattan

Études Psychanalytiques
Collection dirigée par Alain Brun et Joël Bernat

La collection *Etudes Psychanalytiques* veut proposer un pas de côté et non de plus, en invitant tout ceux que la praxis (théorie et pratique) pousse à écrire, ce, « hors chapelle », « hors école », dans la psychanalyse.

Dominique KLOPFERT, *Inceste maternel, incestuel meurtrier. À corps et sans cris*, 2010.
Roseline BONNELLIER, *Sous le soleil de Hölderlin : Œdipe en question*, 2010.
Claudine VACHERET, *Le groupe, l'affect et le temps*, 2010.
Marie-Laure PERETTI, *Le transsexualisme, une manière d'être au monde*, 2009.
Jean-Tristan RICHARD, *Nouveaux regards sur le handicap*, 2009.
Philippe CORVAL, *Violence, psychopathie et socioculture*, 2009.
Stéphane LELONG, *L'inceste en question. Secret et signalement*, 2009.
Paul DUCROS, *Ontologie de la psychanalyse*, 2008.
Pierre FOSSION, Mari-Carmen REJAS, Siegi HIRSCH, *La Trans-Parentalité. La psychothérapie à l'épreuve des nouvelles familles*, 2008.
Bruno de FLORENCE, *Musique, sémiotique et pulsion*, 2008.
Georges ABRAHAM et Maud STRUCHEN, *En quête de soi. Un voyage extraordinaire pour se connaître et se reconnaître*, 2008.
Jacques PONNIER, *Nietzsche et la question du moi. Pour une nouvelle approche psychanalytique des instances idéales*, 2008.
Guy ROGER, *Itinéraires psychanalytiques*, 2008.
Jean-Paul MATOT, *La construction du sentiment d'exister*, 2008.
Guy KARL, *Lettres à mon analyste sur la dépression et la fin d'analyse*, 2007.
Jeanne DEFONTAINE, *L'empreinte familiale. Transfert, transmission, transagir*, 2007.
Jean-Tristan RICHARD, *Psychanalyse et handicap*, 2006.
Chantal BRUNOT, *La névrose obsessionnelle*, 2005.

Remerciements

*À Jacques-Alain Miller, pour l'accueil favorable
qu'il a bien voulu réserver au projet et au manuscrit
du présent ouvrage,*

*A tous ceux qui, par leurs paroles, leurs questions,
leur savoir, leurs remarques et nos échanges,
ont fourni la matière de ce livre :
mon analyste, mes analysants,
les enseignants du département de psychanalyse de
Paris VIII,
mon contrôleur,
mes proches et mes amis.*

© L'Harmattan, 2010
5-7, rue de l'Ecole polytechnique, 75005 Paris

http://www.librairieharmattan.com
diffusion.harmattan@wanadoo.fr
harmattan1@wanadoo.fr

ISBN : 978-2-296-12400-4
EAN : 9782296124004

Avant-propos

La psychanalyse depuis plus de cent ans fascine, intrigue, inquiète ; rarement elle laisse indifférent.

Lorsqu'on pratique la psychanalyse, on est souvent amené à répondre aux questions de patients ou de l'entourage à son propos.

Ces questions poussent à un exercice pas toujours facile : expliquer simplement en quelques phrases des notions souvent complexes ; livrer sa propre interprétation de ces notions.

Ce livre reprend cet exercice de simplification.

Avec le risque assumé inhérent à toute vulgarisation et à toute interprétation : celui d'appauvrir ou de déformer les concepts d'origine expliqués. Mais avec le bénéfice recherché d'offrir un premier accès à la psychanalyse à ceux qui n'ont peut-être ni le temps ni le goût de se plonger dans les textes de grands psychanalystes comme Freud et Lacan.

Ce livre entend être une sorte de mise en bouche. Comme tel, il vise à ouvrir l'appétit, à aiguiser la curiosité de ceux qui le liront, en espérant que l'initiation à quelques notions de base les amènera à pousser plus loin leurs investigations.

Il se veut aussi l'occasion de témoigner de l'extraordinaire et passionnante expérience qu'est une cure analytique.

Par ailleurs, pour rendre les notions théoriques de psychanalyse plus vivantes et pour répondre aux questions portant sur ce qui peut bien se dire dans le cabinet d'un psychanalyste, ce livre propose des extraits de séances en illustration. Ainsi le lecteur pourra avoir une idée concrète de ce qui se dit sur le divan et de l'articulation entre théorie et pratique.

Bien sûr, afin de préserver l'anonymat des analysants, les détails ou les particularités qui permettraient d'identifier l'auteur d'un propos ont été modifiés ou gommés. L'inconvénient en est que lissés de cette façon les extraits perdent le caractère unique et singulier de chaque analysant, qui est pourtant au cœur de l'éthique analytique ; mais l'avantage est qu'ils « parleront » à beaucoup et que probablement d'autres personnes que leurs auteurs s'y reconnaîtront.

En espérant que ce livre suscite chez ses lecteurs de l'envie : envie d'en savoir plus sur la psychanalyse ou sur eux-mêmes, envie de commencer une analyse, envie d'entreprendre ce long travail qui mène à **l'en-vie**.

Chapitre 1 - Inconscient et symptômes

La psychanalyse a un peu plus de cent ans. Elle a été inventée par Sigmund Freud à la fin du 19ème siècle.

Aujourd'hui un certain nombre des découvertes de la psychanalyse est passé dans le domaine du grand public et s'est banalisé : on a l'idée qu'il existe de l'inconscient, qu'une partie de nos pulsions sexuelles est refoulée, qu'il est question d'un certain complexe d'Œdipe, que nos lapsus peuvent être révélateurs. Pour autant, il faut se replacer dans les années 1890-1900 et leur contexte de pruderie pour bien se représenter le coup de tonnerre que fut le discours psychanalytique : le premier patient à qui Freud dit « vous avez envie inconsciemment de coucher avec votre mère » dut manquer de tomber du divan ! En 1905 Freud fit scandale lorsqu'il publia son livre *Trois essais sur la théorie sexuelle* où il affirmait que l'enfant était animé de pulsions sexuelles et qu'il appelait ce dernier « pervers polymorphe » (pour dire que les pulsions sexuelles, nombreuses, partaient dans tous les sens, sans organisation).

Mais ce scandale n'était rien à côté de la révolution de la pensée que supposait l'idée de l'inconscient telle que Freud la développa. Certes le terme « inconscient » existait avant Freud, mais il fut le premier à lui donner une telle dimension. Car l'inconscient freudien va au-delà de la simple opposition entre les choses qu'on sait de façon consciente et celles qu'on ignore de l'ordre de l'inconscient. L'originalité freudienne ne réside pas dans la distinction entre le su et l'insu, mais dans l'importance donnée à l'insu : notre inconscient nous détermine et nous fait agir ; nous ne sommes pas maîtres de nous-mêmes. Nous avons à notre bord un pilote méconnu.

Freud infligeait là une nouvelle blessure narcissique à l'homme. Déjà au 16^(ème) siècle Copernic avait porté atteinte à l'idée de l'homme comme centre de la Création en démontrant que la terre tournait autour du soleil et qu'elle n'était pas au centre du système solaire. Puis au milieu du 19^(ème) siècle Darwin avait assené un nouveau coup avec ses théories sur l'origine des espèces et la sélection naturelle qui laissaient penser que l'homme descendait du singe. Freud ajoutait que l'homme n'était pas maître de lui-même et qu'il était « agi par » son inconscient.

Il faut se rendre compte du séisme intellectuel que cela représentait à une époque où a contrario depuis celle de Descartes et de son corps-machine, la science étendait son savoir et donc sa maîtrise sur le corps humain. Notamment dans les années 1870, on découvrait les trois « A » : asepsie, antisepsie, anesthésie, qui ouvraient de nouvelles perspectives à la chirurgie ; on allait pouvoir opérer sur le corps vivant, le réparer, l'explorer, comprendre les mystères de la vie sans les risques et la douleur de la chirurgie d'avant ces découvertes, sans plus devoir se cantonner aux dissections de cadavres. Par ailleurs en 1895, Röntgen mettait au point la radiologie : on allait pouvoir voir à travers et dans le corps ; celui-ci allait devenir transparent à la science. Toutes ces avancées faisaient que les utopies de maîtrise grâce à la science pouvaient aller bon train.

Et là Freud arriva et dit : non, il y a de l'immaîtrisé ou de l'immaîtrisable chez l'être humain ; celui-ci n'est pas maître de son esprit, de ses pensées, de ses agissements, de ses symptômes. Certains échappent totalement à son savoir et à son contrôle conscient. Bonne volonté et raisonnement n'y peuvent rien changer. Il y a une autre force en jeu : c'est l'inconscient.

Ce que l'analyse propose, c'est d'en savoir un peu plus sur nos déterminations inconscientes, c'est-à-dire sur cet inconscient qui oriente notre vie à notre insu. Et grâce à ce savoir, de gagner une petite marge de manœuvre afin d'être moins le jouet de notre propre inconscient.

L'inconscient, c'est une sorte de ramassis de mots, de discours entendus ou tus (comme un secret de famille), de paroles oraculaires comme celles de la fée Carabosse « A seize ans, elle se piquera… », d'images, de vécu et de ressenti. Et tous ces éléments sont comme des électrons libres à la dérive, dont l'énergie inflige des dégâts tant qu'ils ne sont pas remis dans le bon circuit. Ce bon circuit, c'est celui de la chaîne de discours conscient. Tant que ces éléments errent, tant qu'ils ne trouvent pas une place dans la chaîne symbolique, notamment dans l'histoire de la vie d'une personne, ils vont avoir sur cette dernière des répercussions plus ou moins heureuses.

> *L'analysant : Comme je suis née grande prématurée, à 5 mois, ma mère disait tout le temps : « tu n'aurais jamais dû vivre ! ».*
> L'analyste : Ce qui voulait dire quoi pour vous ?
> *L'analysant : Que je ne devrais pas être là ! Que je suis une intruse !*
> L'analyste : Une intruse…
> *L'analysant : Oui, une intruse, je suis de trop…*
> L'analyste : Dans ce « Tu n'aurais jamais dû vivre », vous avez entendu un « tu aurais dû mourir ». Pourquoi pas un « quel miracle que ta survie ! » ?

Pour les réinscrire dans le circuit symbolique, eh bien, il faut en parler. C'est ce qu'on fait lors d'une analyse : on parle et ce faisant, à l'aide également des rêves, des lapsus et des actes manqués, on débusque ces éléments errants auxquels on donne une place et du sens dans l'histoire de sa vie. On remet dans le circuit des éléments égarés pour qu'ils ne fassent plus de dommages dans leur coin. C'est un peu comme remplir les chapitres blancs du livre de sa propre histoire : à côté de l'histoire officielle (consciente) il s'agit d'écrire l'histoire officieuse (inconsciente), non moins importante et active que la première.

L'analyste : Que craignez-vous avec ces vertiges ?
L'analysant : *J'ai peur que ça me prenne n'importe où et de tomber dans la rue.*
L'analyste : « Tomber dans la rue » ? Comme votre mère lorsqu'elle tomba sur le chemin de son travail, foudroyée par une crise cardiaque ?
L'analysant : *Peut-être... je ne sais pas... je n'avais jamais fait le rapprochement.*
L'analyste : Quel âge avait votre mère lorsque cela arriva ?
L'analysant : *45 ans... ah oui, comme moi...*

Pourquoi ces éléments sont-ils égarés ? D'une part parce qu'il s'avère que notre psychisme peine parfois à traiter certains éléments en raison, disons, de leur trop forte charge « énergétique » (charge de *jouissance* en fait, dont nous verrons le sens dans un chapitre ultérieur) ; d'autre part parce que ces éléments peuvent entrer en conflit avec les principes moraux de la société, qui sont relayés dans notre psychisme par l'instance appelée *surmoi*, laquelle refoule les pensées et les pulsions incompatibles.

Or ces électrons libres continuent à frayer leur chemin comme ils peuvent et ils déchargent leur « énergie » par des voies détournées. C'est ainsi qu'ils produisent ce qu'on nomme des *symptômes*.

Le symptôme au sens psychanalytique est différent du symptôme au sens médical qui, lui, fait systématiquement correspondre tel signe à telle pathologie. En psychanalyse chaque symptôme a une origine et un sens différents. On ne peut pas dire par exemple que le symptôme compulsif de lavage répété des mains est toujours le signe d'un sentiment de faute morale dont le sujet veut se laver. Cela peut tout aussi bien être la conséquence d'une phobie des microbes ou d'un délire d'empoisonnement. Derrière un même symptôme peuvent se cacher des causes, des sens et des diagnostics fort différents.

L'analyste : Pour vous, être sale et être en faute, c'est équivalent.
L'analysant : Peut-être... On m'a toujours culpabilisée : ma mère m'a eue à seize ans. Elle ceinturait son ventre pour cacher sa grossesse.
L'analyste : Oui, elle avait fauté et vous en étiez la preuve. Votre naissance s'inscrit dans la faute. Par ailleurs, du côté de votre père, il a aussi commis une faute en épousant votre mère, une non-musulmane, une chrétienne.
L'analysant : Oui, c'est vrai. [...]

L'analyste : [...] Vos tocs, votre obsession de lavage et de propreté, c'est la solution que vous avez trouvée pour faire avec cette série de fautes.

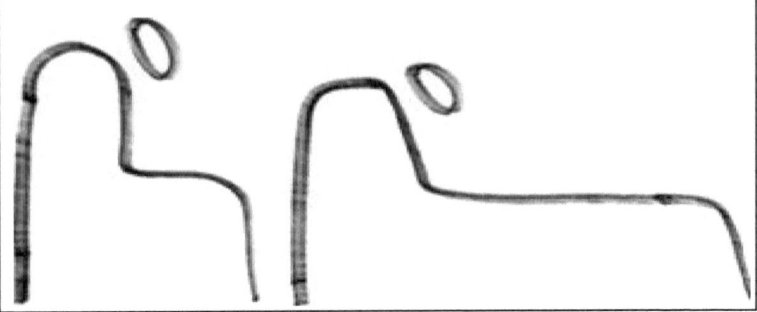

Il existe autant de symptômes divers et variés qu'il existe d'individus différents avec leur histoire de vie particulière. La psychanalyse s'intéresse toujours au singulier de chaque être. Elle ne promeut jamais la globalisation, la généralisation, l'étiquetage, mais plutôt le cas par cas, unique.

Pour faire saisir l'impact et la nuisance des éléments refoulés, dans une des conférences qu'il donne aux États-Unis en 1909, Freud prend l'image d'un perturbateur indésirable que l'on chasserait de l'auditorium. Celui-ci, refoulé, n'en serait pas pour autant réduit au silence ; et de derrière les portes où on l'aurait repoussé, il continuerait à perturber la conférence par ses vociférations et son tapage.

Pour poursuivre l'exemple de Freud, il vaudrait mieux parler avec ce perturbateur, découvrir le motif de sa colère, trouver un arrangement et lui donner une place assise parmi l'auditoire pour qu'il cesse de le déranger. En tout cas, c'est ainsi que la psychanalyse œuvrera avec un symptôme.

Lacan disait que « l'inconscient est structuré comme un langage ». Il en découle que les formations inconscientes (symptômes, rêves, lapsus, actes manqués[1]) sont elles aussi structurées comme un langage.

Ainsi les rêves sont des sortes de rébus. Ce sont des mots mis en images. La censure qu'exercent habituellement le moi et le surmoi y est moins à l'œuvre et l'inconscient y joue pleinement. C'est la raison pour laquelle on dit que les rêves sont la voie royale vers l'inconscient. On y prête une grande attention lors d'une analyse.

> *L'analysant : J'ai fait un rêve : je suis avec mon enfant et nous passons devant des vaches décapitées suspendues à des cordes à linge. C'est très violent et je veux protéger mon enfant de cette violence.*
> L'analyste : Qu'évoquent les vaches pour vous ?
> *L'analysant : Je ne sais pas. Si : peut-être un petit magazine auquel je m'étais abonné enfant, sur la défense des animaux. Dans ce magazine, il y avait des photos d'une grande violence. [...] En parlant de violence, cela me fait penser à une de mes patientes à l'hôpital qui m'a agressé d'un seul coup. C'était vachement violent.*
> L'analyste : "Vachement" violent...
> *L'analysant : Ah oui ! C'est drôle !*
> L'analyste : Je crois que vous avez là une clé de votre rêve.

---

[1] Les lapsus et les actes manqués sont comme des sortes de mauvais tours que nous joue notre inconscient. Une pensée ou un désir est révélé, contre notre gré, à travers un mot mis à la place d'un autre (lapsus) ou à travers un acte en apparence raté (acte « manqué » seulement en apparence, car au niveau de l'inconscient c'est plutôt un acte « réussi »).

L'analysant : Oui. En plus, la veille, mon enfant m'avait demandé de venir un jour à l'hôpital avec moi. Quand j'ai vu cette violence, je me suis dit que je ne pourrais pas l'emmener, qu'il fallait que je le protège de cette violence.

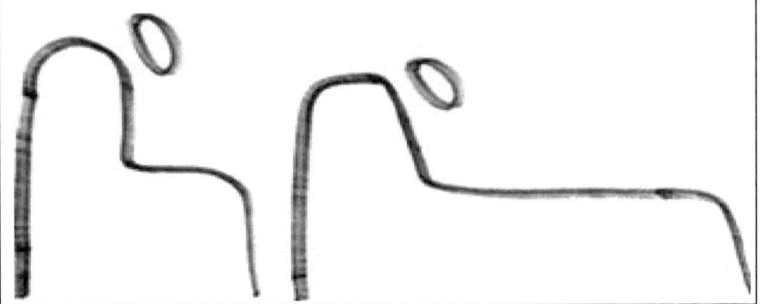

L'analysant : J'ai rêvé que ma belle-fille mourait et que mon fils se noyait dans la piscine sans que j'arrive à le sauver.
L'analyste : Votre belle-fille et votre fils étaient morts ?
L'analysant : oui.
L'analyste : Dites-moi, pourquoi votre compagne est-elle retournée dans son pays d'origine ?
L'analysant : Pour que sa fille, donc ma belle-fille, puisse être près de son père.
L'analyste : Et vous, pourquoi ne l'avez-vous pas suivie ?
L'analysant : *A cause de mon fils, je ne peux pas le laisser.*
L'analyste : Autrement dit, votre belle-fille et votre fils sont des obstacles à votre relation...

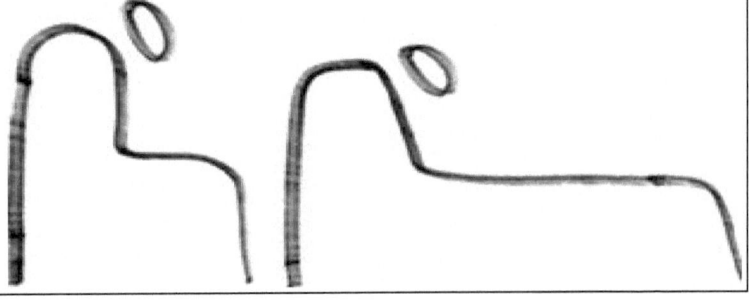

Les lapsus en disent en général plus long qu'on ne le souhaiterait sur nos pensées inconscientes. Comme dans les rêves, c'est souvent un désir refoulé qui transparaît dans le lapsus.

L'analysant : Je voulais dire à mon père que je l'invitais au Père Lapin, qui est un resto à Suresnes, et je lui ai dit que je l'invitais au Père Lachaise !!!

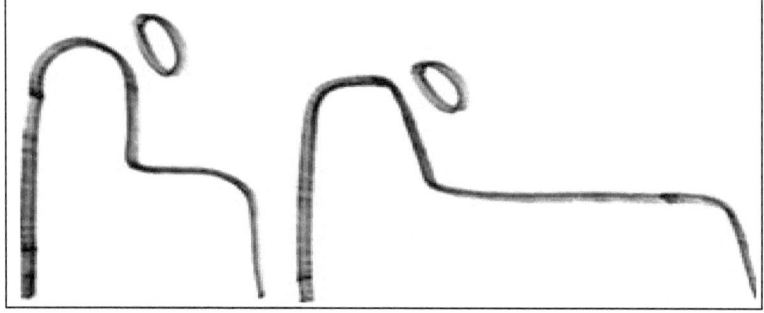

L'analysant : Je n'arrive pas à parler avec mon mari de tout ce qui ne va pas entre nous. L'autre jour, j'ai pu en parler à un copain, mais à mon mari je ne peux pas.
L'analyste : Craignez-vous quelque chose ?
L'analysant : Non. Ce n'est pas qu'il ne veut pas m'écouteau, mais...
L'analyste : Vous « écouteau » ???
L'analysant : Je voulais dire « m'écouter ».
L'analyste : « écouteau », vous avez peur qu'il vous plante ?

L'analysant : Oui, peut-être… j'ai peut-être peur de lui… de ses réactions violentes… ou bien j'ai peur qu'il me plante là, qu'il m'abandonne.

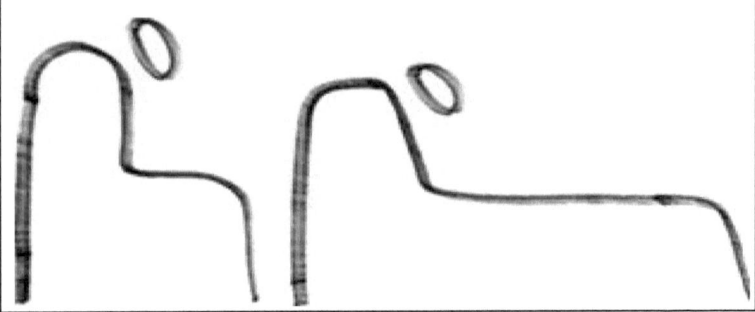

Il en est de même pour les actes manqués.

L'analysant : Mon amie est venue d'Angleterre me rejoindre pour une semaine. Mais dès le lendemain de son arrivée, je me suis fait une entorse. Du coup, je n'ai pas pu assurer tous mes rendez-vous professionnels cette semaine. Je suis resté un peu plus avec elle.
L'analyste : L'inconscient est bien arrangeant…

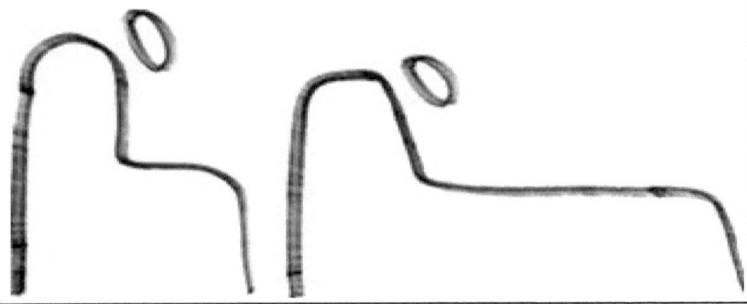

Les symptômes, eux aussi, s'organisent à partir du langage. Ce sont des sortes de messages bloqués dont le sens

reste à déchiffrer – ce que l'on va faire lors d'une analyse –.
Des mots à la place de maux.

> *L'analysant : J'ai des tocs.*
> L'analyste : C'est-à-dire ?
> *L'analysant : Par exemple, il y a un mot tabou et tout ce qui se rapporte à ce mot je dois l'éviter.*
> L'analyste : Est-ce que vous pouvez me dire ce mot ?
> *L'analysant : Restaurant.*
> L'analyste : Depuis quand ce mot est devenu tabou ?
> *L'analysant : Quand j'avais environ 25 ans et que ma mère est tombée gravement malade. Je me disais que je ne devais plus aller au restaurant d'entreprise, pour me priver pour elle, et j'allais déjeuner dans des troquets. J'ai toujours eu un rapport spécial à la nourriture.*
> L'analyste : C'est-à-dire ?
> *L'analysant : C'est lié à l'éveil de ma sexualité : quand j'avais environ 13 ou 14 ans, j'ai été prise en affection par les cuistots du mess des officiers. Ils m'emmenaient partout. Il ne s'est rien passé, mais...*
> L'analyste : Le mess des officiers, c'est le nom du restaurant des officiers.
> *L'analysant : Ah oui, je n'y avais jamais pensé...*
>
>

A côté de cette fonction de message où quelque chose se dit dans un symptôme, ce dernier supporte également deux autres fonctions – cela peut sembler paradoxal de parler de « fonction » pour quelque chose qui ressemble plus à un dysfonctionnement, mais c'est pourtant bien le cas : derrière le dérangement le symptôme sert à quelque chose – : d'une part il a charge de jouissance (nous verrons cela dans les chapitres sur la jouissance et l'analyse) ; d'autre part il a une fonction de *voile*.

Prenons pour exemple un symptôme fréquemment rencontré chez les femmes : ce qu'on appelle dans le langage courant les complexes ; complexes physiques (« je suis trop grosse », « je ne suis pas jolie »), complexes d'infériorité (« je ne suis pas assez intelligente », « je ne suis pas cultivée »). Ces plaintes sont en fait des dits et des pensées qui en voilent une autre plus terrible : je suis *manquante* ; en tant que fille ou femme je suis castrée.

Quand on évoque cette pensée terrible, la plupart des femmes s'écrient : mais pas du tout, je ne me sens pas castrée et je n'ai pas la moindre envie d'avoir un pénis ! Et c'est vrai. D'une part consciemment, la majorité n'a aucune envie d'avoir un pénis. Et d'autre part, ce n'est pas tant du pénis qu'il s'agit, mais du phallus ; c'est-à-dire non pas le pénis en tant qu'organe et bout de chair mais le pénis en tant que symbolique : pour les femmes le phallus symbolise ce dont elles sont manquantes. On pourrait en quelque sorte dire : ce que la petite fille retient de la découverte de la différence sexuelle, c'est que là où le garçon a, elle, elle n'a rien. Elle est manquante. Et ce « manquante » marque profondément et inconsciemment toute la vie féminine.

Cela se traduit dans les cabinets de psychanalyse par le fait que, tandis que les hommes vont souvent être dans des « je ne peux pas, je ne suis pas capable de... », les femmes vont davantage être dans des plaintes du type « je ne suis pas assez intéressante », « je n'ai pas assez d'humour », « j'ai une trop petite poitrine ». En somme il leur manque toujours quelque chose. Et quand on les invite à aller au-delà de ces premières plaintes, on aboutit quasiment toujours à « au fond je manque de confiance en moi ». Oui, elles manquent de confiance en elles. Pour autant, on n'a pas dit le mot de la fin quand on a dit cela. Il convient d'aller encore plus loin dans le questionnement et de se demander d'où vient ce manque de confiance. Bien sûr, il y a les particularités de l'histoire personnelle de chacune : les façons par exemple dont ses parents l'auront aimée, regardée, ce qu'ils lui auront dit ou tu, seront autant de choses qui pourront pallier ou aggraver son manque de confiance.

L'analysant : Quand j'étais enceinte, pour la première fois de ma vie, je me sentais bien dans ma peau. Je me trouvais belle. Alors que, sinon, je suis hyper-complexée.
L'analyste : C'est-à-dire ?
L'analysant : Je n'aime rien chez moi. A part peut-être mes pieds...
L'analyste : Vous n'aimez rien chez vous. Quelle drôle d'idée...
L'analysant : Oui, je sais, on me le dit, mais c'est plus fort que moi. Il n'y a que lors de ma grossesse, que je me suis sentie bien. Je me sentais complète, oui, c'est ça, une sorte de complétude, j'étais remplie...
L'analyste : Complète...

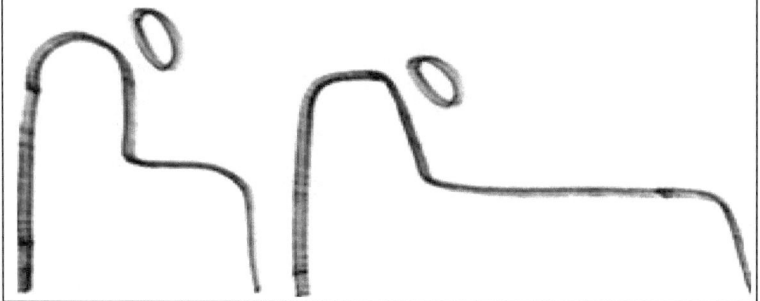

Mais en dernier ressort le manque de confiance tient à cette confrontation à la différence sexuelle et au sens qu'elle prend pour la petite fille : là où le garçon a, elle n'a pas. Là où le garçon est visiblement identifié comme garçon, rien ne vient ou « rien vient » identifier son être-fille. Elle a affaire à un manque radical, tant sur le plan de l'avoir que de l'être. C'est ce qu'on appelle la *castration*.

L'analysant : A cette époque, je me sentais super-puissante. J'avais monté ma société. Je gagnais beaucoup d'argent.
L'analyste : Hmm…
L'analysant : Et puis, ma société a commencé à moins bien marcher. Mon mari est parti. Et un jour, un copain m'a dit en arrivant : « eh bien, Justine, ils sont passés où, tes seins ? » Avec les grossesses, c'est vrai, j'avais perdu ma poitrine. Trois jours plus tard, j'étais chez le chirurgien esthétique pour des implants mammaires.

Ainsi les plaintes typiquement féminines ne sont qu'un voile jeté sur une expérience traumatisante et refoulée : celle de la castration. Elles font symptôme de la difficulté à faire avec la castration. Il faut une longue analyse pour en prendre conscience.

Chapitre 2 – La castration

C'est une expérience exclusivement humaine. L'animal n'y est pas confronté.

C'est parce qu'il est un être de langage, un « parlêtre » selon Lacan, donc soumis à l'ordre symbolique, que l'être humain y est sujet. Car pour dire « il y a » ou « il n'y a pas », il faut disposer du langage et du symbolique qui seul permet par exemple de dire : dans cette bibliothèque, là c'est la place de tel livre ; il n'y est pas, il manque, sa place est vide mais c'est sa place. Manque et langage sont liés.

C'est donc le fait d'être parlant qui soumet l'être humain à la castration. Ou dit encore plus précisément : l'être humain rencontre la castration dès lors qu'il rencontre la parole, le langage et donc le symbolique.

Pourquoi ?

Imaginons une jouissance mythique (mythique car ce n'est qu'une supposition intellectuelle, mais comme tout mythe elle dit quelque chose de la vérité) : celle du nourrisson, état dans lequel il est pleinement satisfait. Il a eu le sein, les bras de sa mère, signes de son amour pour lui. Imaginons maintenant que le nourrisson a de nouveau besoin de s'alimenter, il a faim, mais il désire aussi ce supplément qu'était l'amour de sa mère. Il va se mettre à pleurer et à crier pour demander tout cela à sa mère. Celle-ci, attentive, va entendre ce cri et l'interpréter comme un appel, comme une demande. Mais peut-être n'y verra-t-elle qu'un pur besoin alimentaire à satisfaire et lui donnera vite un biberon. Ou a contrario n'y verra-t-elle qu'une demande de câlin et le prendra dans ses bras sans le nourrir. Il y aura un écart entre la demande de l'enfant et la réponse donnée par l'Autre, ici la mère. Quand bien même celle-ci lui apporterait alimentation et câlin, il est probable que la satisfaction alors rencontrée ne serait pas à la hauteur de la première satisfaction (jouissance mythique) dont le nourrisson garde le souvenir. Il y a toujours un décalage ; il y a toujours un reste insatisfait. Le besoin et son au-delà, le désir, ne trouvent jamais leurs totales expression et satisfaction dans le langage ou, comme ici dans l'exemple du nourrisson, dans l'ébauche d'un appel sous forme de cri que la mère interprète comme une demande.

Le besoin, élément naturel de tout être vivant, est chez l'être humain « dénaturé » par le langage. Ce besoin dénaturé et pris dans les filets du langage, on l'appelle *pulsion*.

C'est toute cette opération de « dénaturation » qui, pourrait-on dire, soumet la nature à la culture, qu'on appelle *castration*. Une opération où pour le parlêtre, en même temps que quelque chose se demande, se précise, se formule, quelque chose est perdu. Une opération qui laisse un reste insatisfait. Et ce reste insatisfait fait trace d'un manque fondamental, inhérent à la condition humaine de parlêtre.

C'est cette opération même qui est vécue lors de la découverte de la différence sexuelle. Pour la petite fille, parce qu'elle est un parlêtre, elle expérimente un manque radical : ce qu'elle vit, ce n'est pas seulement que l'autre, le garçon, a, c'est surtout qu'elle, elle n'a pas. A la place – et ce mot est important dans l'ordre symbolique – où le garçon a, elle n'a rien ; la place est vide. La petite fille se voit radicalement manquante (et répétons-le : c'est parce qu'il y a l'ordre symbolique qu'elle peut se voir manquante ; les animaux n'ont pas affaire au manque). Elle est en défaut. Et souvent dans les analyses, « ne pas être prise en défaut » est une expression qui revient.

L'analysant : J'ai un gros rhume. Je me suis absentée de mon travail trois jours. La veille, mon patron m'avait fait un reproche sur un dossier.
L'analyste : Et ?
L'analysant : Je crois que je m'en suis rendue malade.
L'analyste : Vous réagissez souvent comme ça quand votre patron vous fait un reproche ?
L'analysant : En fait je ne supporte pas qu'on me fasse un reproche.
L'analyste : Ah oui, pourquoi ?
L'analysant : Je ne sais pas... Je crois... je crois que je ne supporte pas d'être prise en défaut.
L'analyste : Prise en défaut...

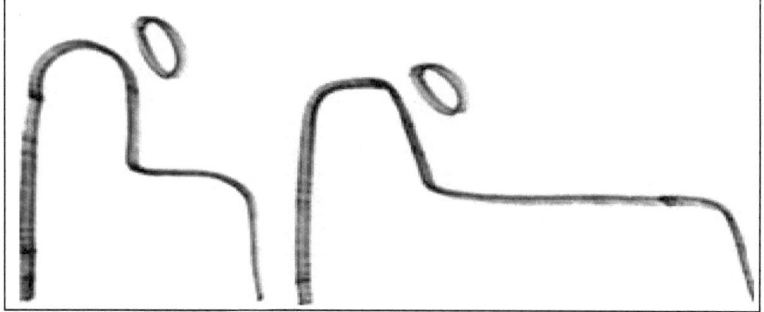

Le garçon, lui, dans la découverte de la différence sexuelle, voit qu'il a (un pénis), mais que d'autres (les filles) n'ont pas. Il vit cela comme le fait que ces autres sont manquants, châtrés ; et il en vient à redouter que cela ne lui arrive aussi. Dès lors, il est sous la menace de la perte possible de son pénis.

Cela donne chez les hommes une attitude partagée entre la fierté d'être celui qui a (sous toutes formes de déclinaisons : une grosse voiture, une bonne situation, de gros muscles...) et la peur de perdre cet avoir. Nous verrons au chapitre 7 les implications de cette peur de perdre.

Cette même fierté explique la condescendance séculaire des hommes à l'égard des femmes : aux yeux des hommes, les femmes sont celles qui n'ont pas. Dans les blagues sur les blondes, au fond c'est ce manque féminin qui est raillé : derrière leur jolie apparence de blondes les femmes n'ont pas, elles sont manquantes (ici dans ces blagues, elles n'ont pas d'intelligence).

En somme la castration, c'est une expérience ou une opération de confrontation à une *perte*, effet même de l'ordre symbolique, autrement dit du langage pour l'être humain.

En conséquence de quoi on ne peut pas dire : la castration survient à tel âge et dans telle circonstance dans l'enfance. Mais plutôt : le fait d'être humain, ce qui nous caractérise en tant qu'être humain, nous soumet à la castration. Elle se produit, elle s'expérimente à différents temps qui ne sont pas des temps chronologiques : lors du sevrage, lors de l'entrée dans le langage, lors de la découverte de la différence sexuelle, lors de l'Œdipe, etc.

L'analysant : Je ne sais pas si je dois accepter ce nouveau poste. J'en ai très envie, mais en même temps, si je l'accepte, c'est adieu à mes projets d'emménagement avec mon ami.
L'analyste : De quoi avez-vous le plus envie ?
L'analysant : Je ne sais pas… enfin, si… j'ai vraiment envie de ce poste. Mais je déteste choisir. C'est toujours comme ça : dès que j'ai un choix à faire, ça m'angoisse.
L'analyste : Vous détestez choisir…
L'analysant : Oui, parce qu'en fait, choisir, c'est perdre.
L'analyste : Oui, choisir c'est perdre.

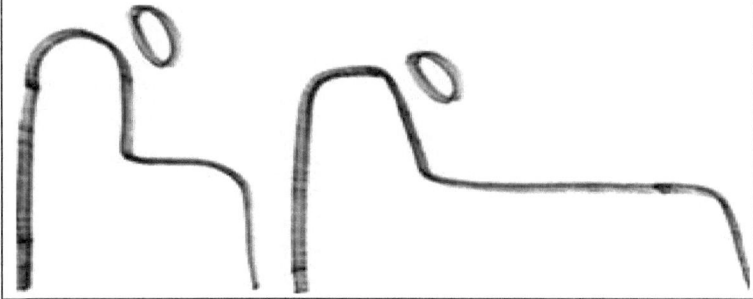

Chapitre 3 – L'Œdipe

Le complexe d'Œdipe… notion largement connue du grand public. On entend parfois dire « il n'a pas fait son Œdipe » pour signifier généralement que le cordon ombilical d'un adulte avec sa mère n'est pas encore coupé.

Chez Freud, et surtout chez Lacan, l'opération œdipienne est beaucoup plus riche et complexe que cela.

Néanmoins il y a quelque chose de juste dans cette notion de « coupure » de cordon.

Effectivement dans l'opération œdipienne, il y a coupure et perte. En quoi consiste-t-elle ?

Eh bien imaginons, de nouveau de façon mythique car cela n'existe pas réellement – et tant mieux ! –, imaginons donc une parfaite osmose entre la mère et son enfant qui les comblerait totalement tous les deux. On peut imaginer que dans une telle complétude l'enfant ne se décollerait jamais de sa mère, qu'il ne serait jamais amené à mener sa vie propre, à trouver sa propre place dans la société humaine. Il resterait figé à l'état d'objet comblant de la mère.

C'est heureusement là qu'intervient le père, dans le mythe mais aussi dans la vie réelle. Il ne s'agit pas nécessairement du père biologique mais de toute personne ou de toute situation qui va signifier à l'enfant plusieurs choses : non, toi l'enfant, tu ne retourneras pas dans le ventre de ta mère qui, elle, ne te mangera pas ; cette femme est la mienne ; ce que cherche ta mère pour la combler (le phallus), c'est moi qui l'ai. Ton tour viendra où toi aussi tu auras une femme (ou un mari). Ton avenir est en dehors de ta mère.

Ce faisant, le père ou plus précisément la fonction paternelle – au sens où c'est plus une fonction qu'une personne, même si cette fonction vient en général s'incarner dans une personne –, cette fonction donc indique à l'enfant une place autre que celle d'objet comblant de la mère et donne un sens à l'énigme du désir de la mère (le phallus). En lui indiquant cette place autre, il lui ouvre des possibles, il l'ouvre à la vie. En lui indiquant cette place autre, autre que celle de la mère, il lui donne sa place ; il lui donne une place dans l'ordre symbolique ; il l'inscrit dans l'ordre symbolique puisque celui-ci est justement un agencement de places.

Une place qui lui dit : tu es « fils de », né de cette mère et de ce père que tu aimes, mais ta vie est ailleurs ; à ton tour tu seras…

La mère de l'analysant : Ma fille fait des crises. Elle part en vrille dès qu'il y a le moindre conflit avec ses frères et sœurs.
L'analyste : Vous avez combien d'enfants ?
La mère : Quatre. Astrid est la deuxième. […] Moi aussi, j'étais la deuxième d'une fratrie de quatre. J'ai toujours eu l'impression de ne pas compter pour mes parents. Je n'étais pas désirée, arrivée trop tôt, trop vite, entre ma sœur, l'aînée, et ensuite mon frère, le garçon tant attendu. Je n'avais pas ma place.
L'analyste : Pourquoi dites-vous que vous n'étiez pas désirée ?
La mère : Oh parce que ma mère le répétait souvent ! Astrid aussi est arrivée plus vite que prévu. Vous pensez que je lui ai transmis ça, qu'elle non plus n'a pas sa place ? C'est pour ça qu'elle s'énerve ?
L'analyste : Je ne sais pas. Mais quelque chose se répète de mère en fille.

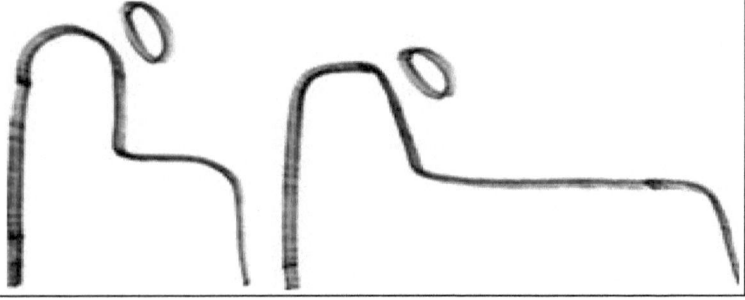

En l'inscrivant dans cette chaîne symbolique, la fonction paternelle ou Nom-du-Père (appelée ainsi par Lacan) inscrit l'enfant dans une sorte de code commun, c'est-à-dire dans une sorte de code accepté par la communauté des hommes. Code qui, pourrait-on dire, aux places fait correspondre un « programme » : par exemple, être « mère de » cela veut dire généralement qu'on est responsable d'un enfant, qu'on l'éduque, le nourrit, l'aime, etc. « Être enfant de », cela veut dire qu'on a des parents, qu'on aime, qu'on respecte, mais que l'on quittera un jour pour à son tour…

Il arrive que la fonction paternelle n'opère pas. Pourquoi ? C'est difficile de dire ce qui a précisément empêché l'opération : cela peut se situer au niveau du père qui par exemple n'aura pas lui-même ce code commun et ne pourra le transmettre ; ou d'un père qui peut se prendre pour l'incarnation du code et qui sera un père tyrannique et non transmetteur ; ou d'un père qui a contrario sera faible, effacé au point qu'il ne revendiquera pas sa place auprès de sa femme et laissera l'enfant collé à sa mère dans une fusion ravageante. Cela peut se passer au niveau de la mère qui mettra en échec l'opération paternelle, parce que par exemple elle sera toute-mère, entièrement comblée par son enfant, ne désirant plus rien en dehors de son enfant : ni le père, ni avoir un autre enfant, ni avoir une vie sociale. Cela peut enfin avoir lieu au niveau de l'enfant, qui pour des raisons mystérieuses refusera inconsciemment l'opération et n'acceptera pas le code commun. On parle de « choix du sujet » pour dire qu'indépendamment de l'environnement familial de l'enfant et de ce qui lui est transmis, l'acceptation ou le refus du code commun relève sans doute d'une décision au plus intime de l'être.

Quand la fonction paternelle n'opère pas, on a affaire à la *psychose*.

Chapitre 4 – Les structures psychiques

La psychose est l'une des trois structures psychiques. Chaque personne appartient à l'une des trois structures psychiques : la névrose, la psychose ou la perversion.

La structure psychique est un mode d'organisation du psychisme, acquis pendant l'enfance, sans qu'on puisse dire avec précision à quel âge elle se met en place. On sait seulement que cela a lieu pendant l'enfance et qu'on garde cette structure pour le reste de sa vie. On ne passe pas d'une structure à l'autre au cours d'une vie. Un névrosé ne deviendra pas psychotique ou pervers. Un psychotique ne deviendra pas névrosé ou pervers. Idem pour le pervers.

Les névrosés sont les personnes que l'on considère en général comme les gens « normaux ». Normal ne veut pas dire ici parfait, sans défauts, sans originalité ou excentricité, sans difficultés ou symptômes. On peut par exemple trouver parmi les névrosés des personnes qui souffriront d'agoraphobie, d'autres qui ne pourront se coucher qu'en ayant vérifié plusieurs fois que toutes les portes et fenêtres sont bien closes, d'autres qui feront part d'une immense tristesse, d'autres encore qui auront des accidents à répétition.

Normal veut dire autre chose, en rapport avec le code commun, nous verrons cela un peu plus loin.

Les psychotiques sont ceux dont la structure fait le lit de la vraie folie. On y trouve des gens extrêmement normaux, presque trop normaux pourrait-on dire, au sens où leur normalité a quelque chose d'extrêmement routinier, presque mécanique[1] ; jusqu'aux grands fous qui vont se prendre pour l'envoyé de Dieu et le clamer dans la rue ; en passant par les grands créateurs : certains artistes, certains scientifiques, grands découvreurs.

Le pervers va du doux pervers qui ne trouve son excitation avec une femme que si celle-ci est chaussée de bottines rouges, au grand pervers qui peut faire la une des journaux (ceci dit, ceux que les journaux appellent les psychopathes comme les tueurs en série sont plus souvent psychotiques que pervers).

Chaque structure est une façon de faire avec la castration :

Le névrosé l'a acceptée puis refoulée. Ce faisant, il a accepté le code commun qui en découle. C'est en ce sens qu'il est « normal », c'est-à-dire rangé sous une certaine norme, celle du code commun.

Le psychotique ne l'a jamais acceptée. Il l'a forclose ; on parle de forclusion du Nom-du-Père pour dire que l'opération paternelle[2] n'a pas eu lieu. En conséquence de quoi le psychotique n'a pas accepté le code commun, ce qui peut le mener vers la folie et/ou vers la création.

Le pervers l'a déniée. A la place du manque découpé par la castration, il met un objet par exemple comme la bottine fétiche rouge.

---

[1] On parle de « psychose ordinaire », par opposition à la psychose déclenchée aux manifestations de folie « extraordinaires », clairement repérables. Cette expression « psychose ordinaire » a été proposée par Jacques-Alain Miller, psychanalyste et philosophe, directeur du département de psychanalyse de Paris VIII, et chargé par Lacan de la publication écrite de son enseignement oral.

[2] *Cf.* p. 31.

Les névrosés (et les pervers pour une part) ont un code commun qui organise le monde pour eux, leur attribue une place, donne du sens – un sens commun – au monde et aux choses.

Les psychotiques, eux, ne disposent pas de ce code commun, ce qui rend les choses beaucoup plus compliquées pour eux. Ils n'ont pas ce code commun un peu prêt-à-porter qui définit les places de chacun (père, mère, enfant, copain, autrui…), les relations qui en découlent, les limites et le cadre de ces places. En quelque sorte, ils ont à inventer le mode d'emploi de la vie.

> *L'analysant : Quand je suis avec des hommes, je ne sais pas comment me conduire.*
> L'analyste : C'est-à-dire ?
> *L'analysant : Eh bien, je ne sais pas comment il faut se comporter avec les hommes. Je vois que pour les autres femmes, ça a l'air d'être naturel. Moi, je ne sais pas. Les hommes, pour moi, c'est un monde étranger.*
> L'analyste : Étranger…
> *L'analysant : Oui, par exemple, l'autre jour en séance, on parlait de la séduction. Moi, ça, c'est une chose que je ne sais absolument pas faire. Jouer au « cours après moi que je t'attrape », je ne sais pas faire. Aucune idée… Comment fait-on ? Ça s'apprend ?*

Le psychotique ne se fait pas le sujet du code commun. Il peut le connaître, mais disons de l'extérieur, il ne le fait pas sien. Il peut en parler, il en a un certain savoir mais il n'y est pas soumis, cela lui reste étranger. Par exemple « être mère de » pour les personnes soumises au code commun implique un certain nombre de choses, une sorte de programme commun à toutes les mères. La psychotique, elle, aura une idée de ce programme mais de façon très extérieure. Avec pour conséquence que pour elle, « être mère de » est quelque chose qu'elle doit inventer entièrement au quotidien. Elle peut en être complètement perdue et on peut voir ainsi par exemple de jeunes mères qui n'ont aucune idée de la façon dont on tisse un lien à son enfant, dont on l'aime, dont on l'accompagne dans la vie (là où la névrosée, elle, se dira « vais-je assez l'aimer ? », « vais-je bien l'élever ? », mais sans que cela l'empêche de l'aimer et de l'élever).

L'analysant : Avec la naissance d'Hugo, je me suis sentie vraiment différente.
L'analyste : C'est-à-dire ?
L'analysant : Différente des autres femmes. Pas dans la norme. J'ai l'impression qu'autour de moi, elles savent toutes comment s'y prendre avec leur enfant, elles sont là « gaga, areu, areu ». Même si elles sont fatiguées et débordées, ça a l'air simple pour elles. Tandis que moi…
L'analyste : Vous… ?
L'analysant : Moi, je n'ai pas l'impression d'avoir vécu le moment le plus heureux de ma vie. Au contraire. Je me suis sentie si mal depuis sa naissance. Tellement angoissée. Je ne sais jamais si ce que je fais est bien pour Hugo. Il m'angoisse.
L'analyste : Il vous angoisse ?

L'analysant : Oui. C'est un boulet pour moi. Je me sens enchaînée à lui pour la vie. J'ai peur qu'il devienne un petit monstre.

On verra certaines mères qui pour faire face à la forclusion du code commun vont en quelque sorte surjouer le rôle d'une mère, elles vont faire « comme si »[1], une sorte de caricature plaquée du rôle de mère selon le code commun.

Pour d'autres la maternité déclenchera leur psychose, c'est-à-dire les mènera vers des manifestations de folie plus ou moins importantes (hallucinations visuelles ou auditives, pensées imposées…). Pourquoi ? Parce que, comme les psychotiques n'ont pas ce code commun qui donne du sens au monde et des modes d'emploi de la vie, lorsqu'ils rencontrent un événement comme la maternité ou la paternité, c'est-à-dire un événement symboliquement fort de franchissement, ils se trouvent démunis sans rien qui les guide dans ce qui leur arrive. On pourrait dire qu'ils n'ont pas dans leur besace les mots, les discours sur lesquels s'appuyer pour franchir ce cap. Ce dernier peut être, nous l'avons dit, le fait de devenir père ou mère mais aussi tout événement par exemple comme une promotion professionnelle, un passage de frontières entre deux pays,

---

[1] Expression d'Hélène Deutsch.

une rupture amoureuse, qui implique un franchissement symbolique. Pour pouvoir gérer ces franchissements il faut disposer de certaines clés symboliques, telles qu'elles sont transmises par le code commun. Or précisément le psychotique, ces clés du code commun, il ne les possède pas. Certains vont s'inventer leurs clés, leur sens, leur code à eux : ils le feront via un délire ou parfois par le biais d'une création artistique ou d'une invention personnelle.

La plus connue de ces clés symboliques (communes), c'est le Nom-du-Père dont nous avons vu qu'il permettait l'opération œdipienne. Cette clé qui organise et pacifie le monde pour l'enfant, c'est ce qui permet que la réalité tienne ensemble. La réalité pour un être humain est composée de trois registres : le réel, le symbolique et l'imaginaire. Et contrairement à ce que l'on pourrait croire, pour un être humain la réalité et ses trois registres ne tiennent pas naturellement ensemble. Il faut pour cela ces sortes de clés. A défaut, la réalité se disloque et l'on pourra avoir affaire par exemple à quelqu'un qui est convaincu que son corps est en train de pourrir alors qu'il n'en est rien (syndrome de Cotard).

L'analysant : Le monde est toujours un peu cotonneux pour moi.

L'analyste : Cotonneux ?

L'analysant : Oui, je mesure mal le temps. Le monde n'est pas consistant pour moi. Je ne suis pas sûr de la réalité.

L'analyste : C'est-à-dire ?

L'analysant : Eh bien, par exemple, le fait que nous soyons là, vous et moi, dans cette pièce, je ne suis pas sûr que ce soit une réalité. Vous allez me dire que si, mais je ne suis pas sûr de vous croire.

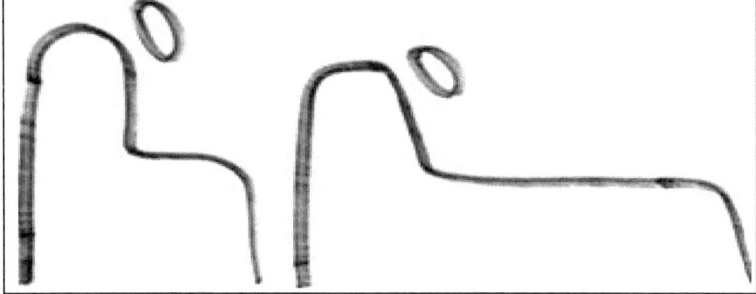

Chapitre 5 – Les trois registres : réel, symbolique, imaginaire.

La réalité pour l'être humain est composée de trois registres : le réel, le symbolique et l'imaginaire[1]. Ou plus précisément la réalité est un nouage de ces trois registres. L'absence de nouage ou le dénouage de ces registres fait le lit de graves désordres psychiques.

Il peut paraître étonnant de dire que la réalité est composée de trois registres différents. On aurait plutôt tendance à penser spontanément : la réalité c'est la réalité, c'est une donnée brute identique pour tous.

Pourtant il n'en est rien : la réalité n'est pas la même pour tous ; en tout cas, pas pour les êtres humains. Car dès sa naissance l'être humain est pris dans un réseau symbolique tissé par le langage.

Toute réalité pour un être humain est hautement subjective parce que médiatisée par le langage. La réalité n'est pas une donnée brute ; elle passe par le langage. Songeons par exemple[2] que pour un esquimau il existe de nombreux mots pour nommer la neige, tandis qu'en français il n'en existe qu'un. De ce fait, les esquimaux percevront la réalité « neige » de façon plus riche et plus complexe que nous.

De la même façon on pourrait penser que le corps est une donnée brute immédiate et qu'on a un corps, son corps : mon corps, c'est mon corps, il n'y a rien au monde avec lequel j'ai un rapport plus direct. Eh bien pas tout à fait. Le corps, du moins l'image et l'idée qu'on en a, ça se construit. On naît avec un organisme, pas avec un corps. La notion de

---

[1] C'est Lacan qui les a ainsi distingués et nommés.
[2] Emprunté à Gérard Miller, Cours d'initiation à la psychanalyse, Paris VIII.

corps est une notion qui se construit : schématiquement on peut dire que le corps = organisme (registre du réel) + image du corps (registre imaginaire) + idée du corps (ordre symbolique).

Le rapport à l'image de son corps est un moment crucial chez l'être humain. Lacan l'a appelé le *stade du miroir*. Nous verrons cela plus en détail dans l'un des prochains chapitres, mais disons-en dès à présent quelques mots : l'enfant aux alentours de 6 - 8 mois, alors que jusque-là il expérimentait son corps ou plus exactement son organisme comme quelque chose d'incoordonné, découvre dans le miroir une image de son corps formant un tout, unifié. Cette découverte qui le fascine et le remplit de joie est en général appuyée, relayée par les paroles de l'Autre (mère, nourrice, toute personne qui s'adresse à lui) qui lui dit : « C'est toi là dans le miroir ». Ce faisant, par ses paroles cet Autre attribue son corps à l'enfant (versant symbolique du corps).

Ainsi le corps, cette réalité qui nous semble pourtant si immédiate, si directement accessible, est en fait une construction et un nouage des trois registres réel, symbolique, imaginaire.

Alors voyons maintenant ce que sont ces trois registres :

Le réel : en psychanalyse, en particulier dans l'enseignement de Lacan, le mot « réel » n'est pas employé au sens courant du terme. Le réel n'est pas équivalent à la réalité ; il n'en est qu'un registre. Il ne signifie pas non plus « objectif » par rapport à une perception subjective de la réalité ; ni davantage « exact » par rapport à une interprétation erronée de la réalité.

Non, en psychanalyse le réel, c'est tout ce contre quoi on se cogne au sens propre et figuré : bien sûr tel meuble contre lequel on se cogne, mais surtout tel événement comme un tsunami, une maladie, un accident, un licenciement ; ou encore tout ce qui va agiter notre corps de façon incompréhensible par exemple comme sa première érection pour un petit garçon.

Tout ce qui vient faire effraction dans notre réalité. Tout ce qui dans notre vie fait butée de façon radicale. Le réel, a priori on ne sait pas faire avec.

> *L'analysant : J'ai fait un rêve qui m'a laissée mal au réveil : je suis avec Laurent, j'ai des suspicions qu'il me trompe avec une autre femme, je la rencontre, et à ce moment-là, Laurent me dit que c'est elle qu'il aime et qu'il me quitte ; il ne tient pas compte de mes pleurs et de ma douleur.[...]*
>
> L'analyste : [...] Comme on le disait lors de notre dernière séance, être quittée est un réel pour vous. C'est ce que votre mère a fait en se suicidant.
>
> *L'analysant : Oui, et comme elle n'a pas laissé de mot, c'est comme si elle n'avait pas tenu compte de nos sentiments, de notre douleur... comme dans le rêve. On n'aura jamais d'explications.*

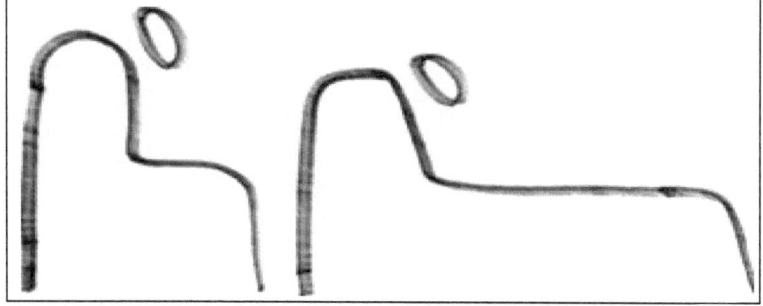

Le réel, c'est ce qui ne fait pas sens, ce qui est hors-sens et le reste quelles que soient les tentatives de mise en mots. Le réel échappe au sens, à la compréhension, à la significantisation (i.e. à la mise en mots ou mise en signifiants). C'est de l'incompréhensible, de l'indicible.

L'ultime réel, c'est la mort.

Quel est l'intérêt de cette notion de réel ? C'est de comprendre ceci : après avoir réussi à concevoir que la réalité humaine tient au langage – ce qui n'est pas une conception aisée ou spontanée –, il faut aller plus loin et admettre également que certes la réalité humaine a trait au langage, mais que néanmoins tout n'est pas langage. Il y a du réel. Tout de l'être humain ne peut être réduit au langage, ne peut être mis en mots. Il y a toujours quelque chose qui échappe radicalement à tout effort de mise en mots. Il y a un reste irréductible.

Avec pour conséquence que pratiquement, lors d'une psychanalyse, on parle, on fait usage de la parole pour essayer de mettre en mots ce qui peut l'être, et ce faisant on produit du sens ; mais pourtant, malgré tous nos essais, une partie de nous-mêmes reste irréductible à la mise en mots : c'est un noyau de réel autour duquel, par la parole, on va tourner pour tenter de le cerner, de l'apprivoiser, mais qui cependant restera à jamais hors-sens pour nous.

Ce qui signifie que la psychanalyse n'est pas un exercice de totale clarification de notre existence. Elle est certes un exercice d'élucidation poussé aussi loin que possible, mais elle est aussi un travail pour tenter de savoir faire avec une zone d'irréductible obscurité.

Face à l'insensé réel, les registres imaginaire et symbolique sont des pourvoyeurs de sens, des porteurs de clarté, mais d'une clarté presque aveuglante dans la mesure où elle sert à voiler l'horreur du réel.

Le registre imaginaire : comme son nom le laisse supposer, le registre imaginaire a trait à l'image. Mais avec la particularité que sa mesure étalon est l'image du corps. En effet, depuis le stade du miroir où pour la première fois l'enfant a aperçu une image unifiée de lui, lui qui se percevait si incoordonné dans les mouvements de son corps, depuis cette première fois donc, l'enfant perçoit et mesure le monde extérieur à l'aune de cette image de son corps qui l'a tant fasciné. Là encore le rapport de l'être humain au monde n'est pas direct, ni immédiat, mais est médiatisé : ici par l'image de son corps.

Dans le registre imaginaire se tiennent toujours en arrière-plan l'image et la forme du corps propre.

Cette image est la base de notre moi, lequel se constitue dans le temps par une succession d'images comme autant de pelures d'oignons : images de soi vues au miroir, mais aussi images prélevées sur d'autres par identification. D'où le fait que notre moi est une instance labile, peu fiable : car fait d'images, notre moi repose donc sur des éléments changeants, illusoires et surtout extérieurs à nous-mêmes. C'est pourquoi l'un des travaux d'une psychanalyse est de découvrir et faire chuter ces identifications du moi pour avoir affaire au *sujet*, c'est-à-dire à la personne en tant qu'elle a été produite par le langage, en tant qu'elle est inscrite dans le symbolique.

L'ordre symbolique : là encore le mot symbolique n'est pas employé dans le sens courant du terme. On dit couramment par exemple que la baguette est le symbole du français. En psychanalyse on dira plutôt que la baguette est une image représentant le français. En tant que représentation du français, elle appartient donc plutôt au registre imaginaire. En revanche, le mot « baguette » en tant qu'il est différent des mots « pain » et « flûte » appartient au registre symbolique.

Le registre symbolique est essentiellement celui du langage ; c'est un registre d'ordre, d'ordonnancement. Le langage ordonne parce qu'un mot – appelé *signifiant* – ne tire son sens que par différence avec les autres signifiants. Le langage est un système de différences et en tant que tel il attribue des places.

Prenons l'exemple[1] d'un horaire de train. Le train de 10 heures est appelé ainsi par différence avec ceux de 9h30 et de 10h30. Il restera le train de 10h même s'il venait à avoir du retard. Parce qu'il a été nommé « train de 10h », il a une place, différente de celles des autres trains, indépendamment de sa ponctualité dans les faits.

En attribuant des places, le symbolique non seulement ordonne le monde et lui donne du sens mais il le pacifie aussi. Pourquoi dit-on qu'il le pacifie ?

Parce que dans le registre imaginaire, celui du stade du miroir, c'est-à-dire dans celui du moi et des petits autres[2] ou des alter ego, les différences ne sont jamais claires. Quelle différence entre moi, mon image au miroir, l'image de ma sœur qui me ressemble tant et même ce nouveau bébé appendu aux seins de ma mère ? Dans ce registre où les contours sont flous, l'autre me menace sans cesse de prendre ma place. Car le rapport de l'être humain à l'image est marqué par celui de l'enfant à son image au miroir : l'enfant se saisit dans une image qui lui est extérieure et donc au fond autre que lui-même. Au moment même où l'enfant se saisit au miroir, il a affaire en fait à un élément autre que lui-même : cette image au miroir. En somme l'autre c'est lui. C'est pourquoi dans le registre imaginaire il y a toujours une sorte d'indistinction entre l'enfant et son image, et donc entre l'enfant et toutes les autres images, c'est-à-dire les images de tous les petits autres. Et indistinction, cela peut vouloir dire interchangeabilité : le petit autre peut venir prendre sa place. Comme semble d'ailleurs l'avoir fait par exemple ce petit frère appendu aux seins de la mère.

Le monde du registre imaginaire n'est pas dans la relation aux autres un monde rassurant, pacifié. Il est lourd de

---

[1] Exemple repris d'un exemple donné par Lacan.
[2] Voir le chapitre 9 : « L'autre et l'Autre ».

menaces. Il faut l'intervention du symbolique pour que la relation aux autres soit pacifiée : en attribuant à l'enfant une place unique, différente de celle des autres, il pacifie, il apaise son monde. De la même façon que le train de 10h ne sera jamais le train de 10h30 quelle que soit son heure exacte d'arrivée, il s'agit que l'enfant se voit affecter une place différente de celle de tous les autres « petits autres ». Cela passe par les discours des parents et de l'entourage (donc par le langage) qui pour commencer, et ce souvent même avant sa naissance, lui donnent un nom. « Tu t'appelles Élise Durand », ce qui est différent de la grande sœur qui s'appelle « Marie Durand » et de la copine qui a été nommée « Alice Martin ». Cette nomination est l'une des premières inscriptions dans l'ordre symbolique. On voit certains enfants qui ne se soumettent même pas à cette inscription minimale : par exemple on peut rencontrer certains autistes qui ne répondent même pas à leur prénom et l'on peut penser que l'absence d'inscription symbolique minimale les laisse en proie à un monde indifférencié, donc menaçant et angoissant ; d'où chez certains une impossibilité de supporter tout contact physique.

A un moindre degré, lorsque la place d'un enfant est insuffisamment définie, on peut voir un enfant tenter de se distinguer par des comportements qui attirent l'attention : colères, violence, hyperactivité, etc. Ce qui sera perçu par l'entourage comme des troubles du comportement ne sera en fait qu'une réponse de l'enfant à l'angoisse que suscite une place mal définie. Car quand la place est mal définie, l'autre peut venir la prendre ou peut y faire intrusion. Quand au contraire la place est bien définie, cela signifie qu'elle a ses limites et que ces limites font bord et barrière au monde extérieur.

La mère de l'analysant : Elle va beaucoup mieux depuis la dernière séance. Ses symptômes ont disparu. Mais elle est en colère contre vous.
L'analyste : Ca ne m'étonne pas.
La mère : Oui, elle n'a pas aimé que vous lui disiez qu'elle n'avait pas à se relever le soir et que ce qui se passait dans la chambre de Papa et Maman ne la regardait pas.

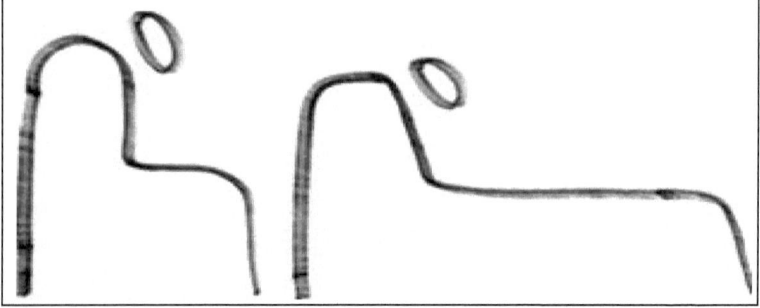

D'où l'importance des limites fixées dans toute éducation : ce qui pourrait apparaître comme une sévérité éducative est en fait une sécurité apportée à l'enfant. Quand on dit à un enfant « non, tu n'entres pas dans la chambre de Papa et Maman quand la porte est fermée » n'est pas seulement une limite géographique posée. Cela dit à l'enfant : non, ta place d'enfant n'est pas là ; il y a des limites liées à la place de chacun ; limites que tu ne peux franchir et qui te garantissent inversement que les autres ne les franchiront pas. A chacun sa place, c'est pacifiant. Ce n'est ni plus ni moins, comme nous l'avons vu, que ce que fait la fonction paternelle ou Nom-du-Père au moment de l'Œdipe. Lorsque cela échoue, lorsqu'il y a forclusion du Nom-du-Père, c'est-à-dire lorsque l'inscription dans la chaîne symbolique n'a pas lieu, l'enfant peut être à la merci des désordres psychiques les plus graves car précisément il est laissé dans un monde non-ordonné, non pacifié. Sans la médiation du symbolique il a affaire au désordre du monde, à un monde sans limite, menaçant.

Alors comment inscrire un enfant dans l'ordre symbolique ? Cela passe par les discours des parents ou de l'entourage et aussi par l'acceptation inconsciente de l'enfant. Il n'y a pas de formule magique. Il n'existe pas de liste de paroles types qu'il ne faudrait surtout pas oublier de prononcer.

Cela se fait par toutes les paroles qui instituent des places, des limites et des différences : depuis les dix commandements de la Loi de Moïse (car la Loi comme toute loi établit des places et des limites, donc des règles et des interdits) jusqu'à « ta mère est ma femme, tu ne te marieras pas avec », en passant par des paroles plus ordinaires « non, toi tu n'as que six ans ; tu n'as donc pas le droit de regarder la télé aussi tard que ta sœur qui en a dix ». Toute parole qui situe chacun à une place, dans un certain ordre et avec certaines limites garantes de ces places. La limite garantit la place.

Dans cette perspective, par exemple, on comprend pourquoi on entend souvent dire qu'il ne faut pas habiller deux jumeaux de la même façon. Le bon sens populaire est sous-tendu par tout ce que nous venons de voir : on a dit que le registre imaginaire était celui de l'indistinction dans la relation aux autres ; c'est d'autant plus vrai pour les jumeaux pour lesquels l'image de chaque jumeau est identique à celle de l'autre. Il importera donc de ne pas favoriser tout ce qui encouragerait cette indistinction imaginaire, comme un habillement similaire, mais au contraire d'être attentifs à marquer la différence entre chaque enfant.

C'est aussi la raison pour laquelle, autre exemple, c'est une aberration de dire « il ne faut pas faire de différence entre les enfants » ; et notamment quand l'un reçoit un cadeau parce que c'est son anniversaire, les frères et sœurs aussi. Ou lorsque naît un enfant, les frères et sœurs reçoivent un cadeau comme le nouveau-né. Ce faisant, on croit éviter les jalousies mais c'est au contraire le meilleur moyen de les susciter. Car répétons-le, la non-différence est lourde de menaces. Et concrètement, recevoir des cadeaux pour un enfant en même temps que ses frères et sœurs ne le rassure pas ; ce n'est pas un geste qui marque sa différence ; c'est un geste qui efface les différences et lui signifie au fond : tu n'es pas différent de tes frères et sœurs, tous à la même place ou vos places sont interchangeables. Il vaut mieux dire : aujourd'hui c'est Paul qui a un cadeau car c'est son anniversaire ; votre tour viendra lorsque ce sera votre anniversaire. Ou c'est le bébé qui reçoit un cadeau ; vous aussi, vous avez reçu un cadeau à votre naissance. Chacun son tour.

Le « chacun son tour » est une traduction très concrète et quotidienne du « chacun sa place » symbolique.

On pourrait en quelque sorte dire que l'inscription dans le symbolique ou l'éducation se résume à un « ton tour viendra », comme le fait l'Œdipe : « ton tour viendra où tu auras une femme autre que ta mère qui est ma femme ».

Chapitre 6 – Objet perdu et désir

Éduquer, c'est apprendre à attendre son tour ou autrement dit apprendre à renoncer à la jouissance immédiate de la chose.

C'est ce que fait l'opération symbolique, non seulement parce qu'elle inscrit dans une chaîne de places et donc de tours, mais aussi parce que le langage vide le corps de sa jouissance.

Cela veut dire quoi ?

Cela veut dire que, dès lors que l'enfant consent au langage, il n'a plus un rapport immédiat à la jouissance de son corps, disons à ce qui agite son corps. Son rapport est médiatisé, c'est-à-dire qu'il y a un intermédiaire ou un relais ou un écran entre l'enfant et cette agitation dans son corps : le langage.

Reprenons l'exemple du nourrisson et de sa jouissance mythique : nous avons vu que dès lors qu'il entre dans une expérience d'adresse à l'Autre maternel, quelque chose de sa jouissance est perdu. Il y a un reste insatisfait et à jamais insatisfait. Freud l'a appelé *l'objet perdu* ; Lacan, *l'objet a*. L'objet perdu ou objet a, c'est ce reste de jouissance découpé par le langage mais non pris dans ses filets, c'est-à-dire irréductible à toute mise en mots et qui demeure à jamais inatteignable. Il est perdu pour et de toujours. Pour l'être parlant, son entrée même dans le langage découpe les contours d'un manque irréductible.

Cette découpe symbolique va s'incarner dans les orifices du corps et dans des bouts du corps dont la particularité est d'avoir un rapport à la perte comme le sein (ce que perd la bouche lors du sevrage) et les fèces (ce qui choit du corps par l'orifice anal) ou à l'insaisissabilité comme la voix et le regard. Autrement dit, l'objet a ou objet perdu n'est pas un objet matériel en particulier mais un objet en tant qu'il est perdu ou insaisissable. En conséquence cet objet perdu ou insaisissable aura des accointances privilégiées avec des éléments du corps perdus ou insaisissables : sein, fèces, voix et regard.

L'analyste : Et qu'est-ce qui vous avait attirée chez cet homme ?
L'analysant : Sa voix.
L'analyste : Sa voix... ?
L'analysant : Oui, maintenant que vous me posez la question, je me rends compte que je suis très sensible à la voix. Tous les hommes qui m'ont attirée avaient une belle voix.

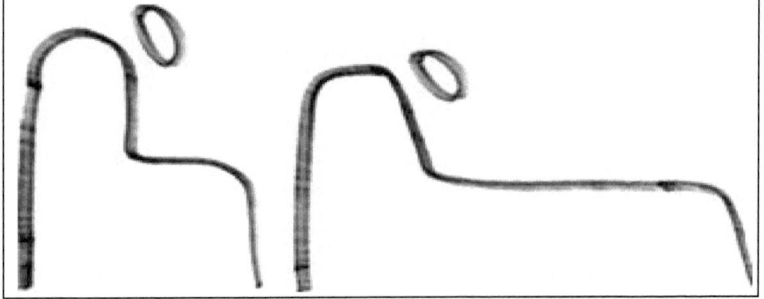

Chaque sujet[1] aura une préférence pour l'une des incarnations de son objet a : objet oral, objet anal, objet vocal, objet scopique. Cela veut dire quoi ? Cela veut dire que tel sujet aura une modalité préférée de rechercher sa satisfaction : par exemple celui dont l'objet a est l'objet oral partira à la recherche de sa satisfaction dans les déclinaisons multiples de l'objet oral : le pouce, la nourriture, la cigarette,

---

[1] Rappelons-le : le sujet est l'être humain en tant qu'il a subi la marque du langage.

l'alcool, les mots (comme ce dont on peut remplir la bouche en étant bavard ou en restant muet), etc.

« Il partira à la recherche de sa satisfaction », avons-nous dit ; il faut faire là une remarque : c'est plus dans la quête de la satisfaction que dans la préhension même de l'objet, que le sujet rencontre sa satisfaction. Car l'objet a étant à jamais perdu et insaisissable, ce que le sujet saisit n'est qu'un pis-aller de l'objet a. Le sujet n'a affaire qu'à des ersatz de son objet a. Pauvre de lui ? Non, car cette insaisissabilité de l'objet perdu, ce manque fondamental sont autant d'aiguillons pour le sujet qui le mettent en mouvement « à la recherche de ».

L'analysant : Je ne peux pas prendre la parole en public, par exemple dans une réunion au travail. Toutes ces paires d'yeux braquées sur moi, que je ne maîtrise pas, ça me terrorise.
L'analyste : Hmm…
L'analysant : C'est paradoxal, parce qu'en même temps, quand je faisais du théâtre, le regard des autres, je le cherchais, non ? C'est bizarre : le regard des autres, parfois ça m'angoisse et parfois j'adore…

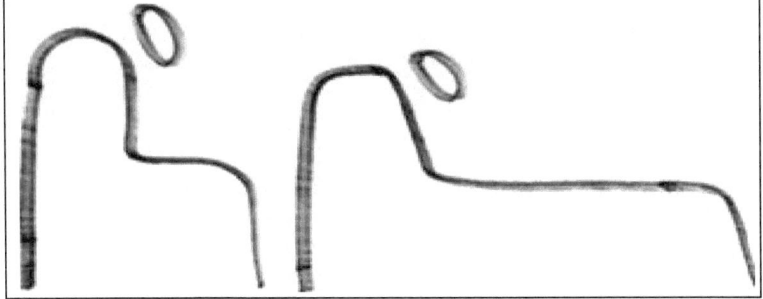

Ce que le sujet ignore, c'est que l'objet irrémédiablement perdu n'est pas le but de sa quête. Il en est la cause. L'objet a est la cause du désir. A la base du désir il y a une perte originelle. C'est le manque qui crée le désir. Le manque est la cause du désir.

La psychanalyse se fait la servante du désir ; elle n'essaie pas de combler le manque du sujet, de boucher les trous ; a contrario elle cultive le manque comme un trou faisant appel. La psychanalyse est une *éthique du désir* car le désir est mouvement ; il nous projette en avant, vers l'avenir, dans la vie.

Avoir envie c'est être en-vie.

> *L'analysant : Je vais mal parce que je ne sais pas me contenter de ce que j'ai.*
> L'analyste : Hmm…
> *L'analysant : Il faut que j'apprenne à me contenter de ce que j'ai.*
> L'analyste : Vous contenter de ce que vous avez ? Comme c'est triste…
> *L'analysant : ???*
> L'analyste : Vous ne trouvez pas ça triste de renoncer à tout ce que vous n'avez pas ?
> *L'analysant : Si, mais je ne vois pas d'autre solution.*
> L'analyste : Pourquoi ne pas vous contenter de ce que vous n'avez pas ?
> *L'analysant : … ???... Je ne comprends pas.*
> L'analyste : Ne pas avoir certaines choses, en avoir envie, c'est moteur, et on peut en être content.

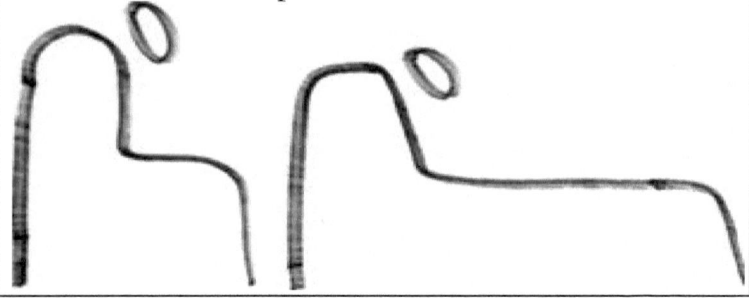

Rappelons-nous que notamment si l'on n'interdisait pas la mère (sevrage, Œdipe) à l'enfant, si l'on ne confrontait donc pas l'enfant à cette perte-là, il resterait figé, mortifié dans un collage à la mère, qui l'empêcherait de trouver sa place dans la société et de s'orienter avec envie vers le moment où ce sera « son tour ».

A l'égard du manque et du désir, notre société occidentale de consommation a quelque chose de dangereux. En effet, en offrant à profusion ses objets de consommation qui ne sont que des simulacres d'objet a, elle ne fait que confronter à répétition le sujet à son manque fondamental. Elle promeut la consommation de l'objet au détriment de sa quête ; le « tout, tout de suite » réduit l'attente et la course du désir au bénéfice de la saisie d'un objet qui n'est jamais le bon, parce qu'il ne peut jamais être le bon.
Paradoxalement plus on consomme, plus on rencontre l'insatisfaction ; le trop-plein de consommation n'ouvre que sur le vide de notre incurable manque. Cette rencontre répétitive de l'insatisfaction et du vide peut être désespérante.
C'est le risque de notre société actuelle : qu'elle fabrique autant de désespoir que d'objets ; qu'elle ne cultive plus le temps de l'attente et du désir.

Si éduquer c'est apprendre à renoncer à la jouissance immédiate, c'est au profit de l'attente et du désir.

Chapitre 7 – La névrose hystérique et la névrose obsessionnelle

Nous venons d'évoquer l'insatisfaction fondamentale de l'être humain.

L'insatisfaction est un sentiment dont les femmes font souvent état dans leur cure analytique : elles parlent parfois d'une certaine insatisfaction chronique.

Les hommes ne disent-ils pas d'elles d'ailleurs qu'elles ne sont jamais contentes ? Comment expliquer cela ?

Sans doute par le fait que les femmes ont un rapport particulier au manque : n'étant pas encombrées du phallus, elles ont un rapport plus direct au manque. Rappelons-nous que lors de la découverte sexuelle, ce qu'elles découvrent – et ce, grâce au symbolique qui permet de faire la différence entre il y a et il n'y a pas –, c'est qu'elles sont manquantes. Elles ont donc une sorte de savoir direct sur le manque, là où les hommes peuvent tenter d'oublier la castration symbolique qui les fait eux aussi manquants, derrière la présence réelle de leur pénis.

Les femmes sont moins aveuglées par le phallus sur la vérité de tout être humain : être manquant parce que parlant. Elles ont un savoir, inconscient bien sûr, sur le phallus : une infatuation qui n'empêche pas la castration symbolique.

Ce savoir plus direct des femmes sur le manque a plusieurs conséquences : l'une d'elles est qu'elles possèdent également une sorte de savoir sur l'inéluctabilité de leur insatisfaction. Elles savent qu'insatisfaction et désir vont de pair. Elles cultivent un désir toujours insatisfait. C'est cela la *névrose hystérique* : une structure où le sujet a un rapport au désir en tant qu'*insatisfait*.

L'analysant : Je suis une insatisfaite chronique.
L'analyste : Hmm…
L'analysant : C'est usant d'être comme ça. Je suis comme ça depuis toute petite.
L'analyste : Vous avez un exemple ?
L'analysant : Oui, par exemple, à Noël, j'étais toujours insatisfaite, même si j'avais eu ce que j'avais commandé. J'avais le sentiment de ne jamais arriver à avoir le bon objet qui me comblerait définitivement.
L'analyste : Le bon objet qui vous comblerait définitivement…
L'analysant : C'est insupportable d'être comme ça, jamais satisfaite !
L'analyste : Insupportable, en quoi ? En quoi est-ce un problème ?

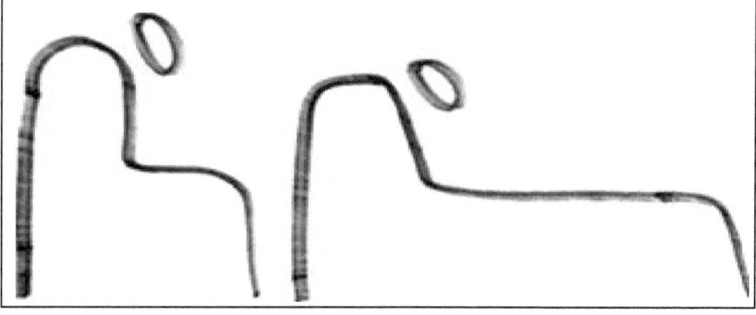

C'est une névrose plus souvent féminine.

Jamais contentes oui, et tant mieux, car en cultivant l'insatisfaction, c'est le désir même qu'elles renouvellent en permanence. Et le désir, nous l'avons dit, c'est le mouvement de la vie. Cela fait d'elles pour leur compagnon, selon les points de vue, peut-être des enquiquineuses mais surtout des aiguillons, des moteurs.

Une autre conséquence est que les femmes, au plus près de la vérité sur le manque et moins illusionnées par le phallus, vont se faire les chantres de cette vérité et prendre un malin plaisir à la révéler aux hommes : « tu as une grosse voiture, et ? Ca ne m'impressionne pas ! », « Tes gros muscles ou ton gros salaire, ce n'est pas ce que je veux. » Elles sont moins dupes des semblants phalliques que les hommes. « Moins dupes » ne signifie pas « pas dupes du tout ». Et même si elles clament aux hommes sous une forme ou sous une autre que leurs objets ou prétentions phalliques ne sont que des semblants, elles rêvent au fond de trouver enfin l'homme qui l'aurait, ce phallus. C'est ainsi que l'on peut croiser des féministes convaincues en couple avec d'incorrigibles machos. On dit ainsi de l'hystérique qu'elle provoque le maître, tout en en cherchant un.

Les femmes hystériques de par leur savoir relatif sur le manque ont un certain rapport de connivence avec l'insatisfaction et le désir.

A contrario, les hommes vont plus souvent tenter de ne pas avoir trop affaire au désir[1] pour éviter de se confronter au manque. N'oublions pas que, depuis la découverte sexuelle, ils vivent sous la menace de la perte de leur pénis. Alors jouer de trop près avec le désir, ce serait s'avouer manquant ou se risquer au manque. Ce manque, autant le tenir à distance. En conséquence de quoi les hommes vont davantage cultiver un désir impossible, c'est-à-dire en quelque sorte un désir déclaré impossible à l'avance, donc après lequel il est inutile de courir. Ils vont faire le mort.

C'est ce qu'on appelle la *névrose obsessionnelle*[2] : une structure psychique où le sujet, homme ou femme – même si

---

[1] Lorsqu'on parle de désir, on ne parle pas d'un type de désir en particulier, mais de ce « mouvement vers » dont le manque est la cause.
[2] Lacan enseignait que la névrose est une question : « Suis-je vivant ou mort ? » pour l'obsessionnel, « Suis-je un homme ou une femme ? » pour l'hystérique. Le sujet est divisé par sa question : le névrosé est quelqu'un de tiraillé, en proie au doute ou au questionnement ou à des aspirations contraires.

c'est une névrose plutôt masculine – a un rapport à son désir comme *impossible*.

> L'analyste : Le décès de votre père il y a deux ans a changé quelque chose pour vous ?
> *L'analysant : Non. Cela fait quatre ans que je suis dépressif. Ca n'a rien changé. C'était une libération pour lui. Il a eu une vie funeste, une vie de devoir, il ne voulait pas abandonner ma mère, mais elle a été sa croix.*
> L'analyste : Une vie funeste...
> *L'analysant : Oui, pas vraiment une vie.*
> L'analyste : Vous avez employé ce mot "funeste" en début de séance à votre sujet. Cela vous fait un point commun avec votre père. On dirait que vous faites comme lui en ce moment : vous faites le mort...
> *L'analysant : Oui, peut-être, c'est vrai que je ne suis pas très vivant en ce moment.*
> L'analyste : Oui, c'est à se demander si vous vous autorisez à avoir une autre vie que celle de votre père, une vie qui ne serait pas une vie funeste.

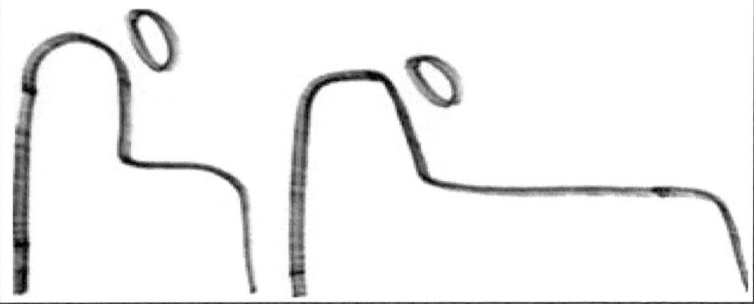

« Faire le mort », c'est ce dont les femmes se plaignent souvent à propos de leur compagnon, quand elles disent : il ne veut rien faire, il est toujours devant son ordinateur ou sa télé, c'est moi qui organise tout, sorties, vacances,... Effectivement un écran quel qu'il soit, de télé ou d'ordinateur, comme son nom l'indique ça fait écran avec le réel de la vie, avec le désir et sa cause, le manque. Cela permet d'éviter une confrontation trop directe.

Pour autant, l'hystérique et l'obsessionnel forment une assez bonne paire ; ils se complètent en quelque sorte et on les trouve fréquemment formant un couple.

Chapitre 8 – Le stade du miroir

Le rapport de chacun au manque est, nous l'avons vu, à l'origine des constructions psychiques. Car ce manque, résultat de la prise de l'être humain dans le symbolique, il faut s'en débrouiller. Les femmes s'en arrangent plutôt bien du côté de leur désir mais cela ne les empêche pas de le voiler. Car la castration symbolique qui touche tout être humain est redoublée chez les femmes d'un réel manque physique : là où les hommes ont un pénis, elles n'ont rien, elles sont même « trouées », quelle horreur ! Dire « quelle horreur » peut paraître choquant mais c'est pourtant ainsi que cela est perçu dans l'inconscient des femmes et des hommes. On s'en aperçoit dans les cures psychanalytiques.

Alors cette « horreur », il convient de la voiler et pour cela les femmes vont avoir recours à tous les artifices offerts par le registre imaginaire, appelés *semblants* féminins. Cela va du maquillage aux bijoux et vêtements, en passant par le battement de cils charmeur ou l'échancrure prometteuse d'un corsage ; bref, tout ce qui permet de créer une image derrière laquelle peut être oublié le manque féminin. Une image qui a une fonction de voile, qui cache le rien en suggérant le tout.

La nécessité des semblants pour voiler le manque féminin explique les exigences en matière de beauté féminine. Si les produits de beauté, la mode, la haute couture, la joaillerie, la chirurgie esthétique concernent surtout les femmes, si la photographie et la peinture s'intéressent davantage au corps féminin, ce n'est pas un hasard. Si les traces du vieillissement sont mieux acceptées chez les hommes, ce n'est pas non plus fortuit. C'est qu'il importe que la beauté sous toutes ses formes vienne voiler l'horreur et le mystère du manque féminin. C'est pourquoi les diktats esthétiques visent plutôt les femmes que les hommes ; c'est pourquoi également les signes du vieillissement sont moins bien tolérés chez les femmes car ils constituent une déchirure du voile. Le réel du vieillissement vient gêner la mascarade féminine et empêche la belle image de jouer son rôle de pare-angoisse. Aussi est-il sans doute vain d'espérer la fin des normes de minceur ou de jeunesse promues par les media car la beauté féminine ne relève pas d'une préoccupation frivole et superficielle mais elle répond à un enjeu où beauté et manque féminin sont noués, l'une venant voiler l'autre.

D'ailleurs lorsque les voiles tombent au sens propre ou figuré, c'est-à-dire lorsque les vêtements d'une femme tombent ou lorsque le réel du vieillissement surgit, on peut voir poindre une certaine forme d'angoisse tant chez la femme que chez son partenaire. Nombre de femmes en analyse finissent par découvrir une trace d'angoisse dans leurs relations sexuelles ; sans doute parce qu'une relation sexuelle pour une femme à côté des plaisirs qu'elle peut procurer est aussi un moment de confrontation à son manque féminin. Cette angoisse peut prendre différents aspects comme une franche ou légère angoisse, un dégoût ou un manque d'intérêt pour les choses du sexe.

Chez l'homme, cela se manifeste différemment : dans leur analyse, les hommes font par exemple fréquemment état d'une sorte de désenchantement après avoir déshabillé leur partenaire ; quelles que soient les qualités anatomiques de cette dernière, ils n'ont plus soudain affaire qu'à un paquet de chair. Quant à Freud, il parlait du « continent noir » de la femme comme d'une zone de mystère inquiétant. Le rapport au sexe féminin a quelque chose d'angoissant tant pour la femme que pour l'homme.

L'analysant : Moi, les petites nanas, quand j'en repère une, j'aime bien imaginer si elle a un beau petit cul sous ses vêtements. J'aime bien ce moment.
L'analyste : Vous aimez ce moment…
L'analysant : Oui, après, parfois c'est moins bien. Quand une nana me plaît, je suis assez direct, et le pire c'est que ça marche. Mais, je ne sais pas si c'est parce que, pardonnez-moi, je baise trop de nanas, mais souvent, même si elle a un beau petit cul, pendant l'amour, j'ai l'impression que c'est de la viande…

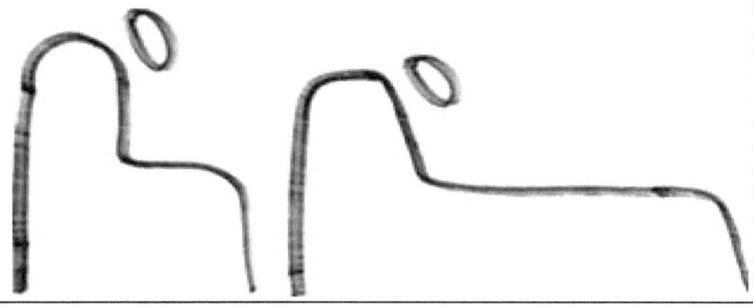

Ceci dit, le moment le plus dérangeant pour un homme dans une relation sexuelle n'est peut-être pas la confrontation au manque féminin mais plutôt la détumescence de son organe (autrement dit : lorsque l'érection se termine). Car à ce moment-là prend aussi tristement fin l'illusion d'un phallus qui serait toujours érigé dans sa pleine puissance. Dans leur analyse les hommes évoquent parfois la tristesse qui les envahit après l'éjaculation, malgré les agréables sensations que cette dernière peut leur avoir offertes. Pas étonnant, dès lors, qu'ils n'aient guère envie de converser avec celle – leur partenaire – qui vient d'être témoin de ce triste instant de leur détumescence ; mieux vaut partir, en quittant les lieux ou en plongeant dans le sommeil.

L'analysant : Vous pensez que ça a un lien avec mes difficultés sexuelles quand j'étais jeune ?

L'analyste : ...

L'analysant : Je n'ai jamais pu faire ça 3 ou 4 fois de suite. Et vers 17 ans, j'avais des problèmes d'éjaculation précoce. J'ai appris à contrôler ça.

L'analyste : Contrôler ?

L'analysant : Oui, je pense dans ces moments-là à ma grand-mère.

L'analyste : A votre grand-mère ???!!!

L'analysant : Oui, car ce n'est pas vraiment une personne avec laquelle j'aurais envie de... Comme ça, ça redescend un peu et je peux faire durer.

L'analyste : D'où vous vient l'idée qu'il faut faire ça 3 ou 4 fois et qu'il faut durer ?

L'analysant : C'est ce qu'on se disait entre copains. On se racontait : moi, j'ai fait ça trois fois...

L'analyste : Et vous les croyiez ?

L'analysant : Oui. C'est possible, non ?

L'analyste : ...

L'analysant : Moi, cela m'est arrivé la première fois. J'ai fait l'amour toute la nuit. J'arrêtais 5 mn et je recommençais. Je crois que c'était à cause de la découverte, la découverte du plaisir... Maintenant j'ai du mal à redémarrer et ça me rend toujours triste.

L'analysant : J'ai un copain qui va dans des boîtes échangistes. Et il lime, il lime toute la soirée, mais il ne jouit jamais dans aucune de ses partenaires, ce serait trop triste dit-il. Et je le comprends...

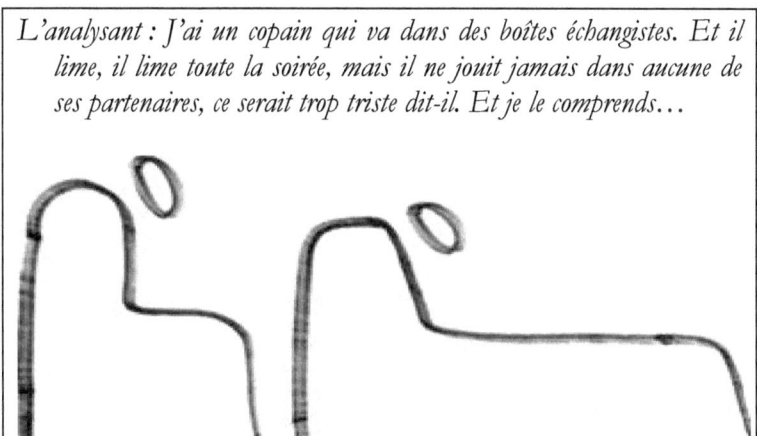

On voit donc bien tant chez la femme que chez l'homme l'importance des semblants dits phalliques. Chez la femme, il s'agit de toute image qui forme un voile derrière lequel peut s'imaginer la présence du phallus et peut être oublié le manque féminin. Chez l'homme, il s'agit de toute image qui peut faire croire à un phallus toujours érigé dans sa toute-puissance. A cet égard la puissance peut prendre des formes et des déclinaisons infinies comme la force physique, la musculature, une attitude macho, une voiture puissante, le pouvoir professionnel ou politique, la réussite financière, une culture encyclopédique.

Essayons maintenant de bien cerner l'impact et la fonction du registre imaginaire chez l'être humain en revenant au stade du miroir.

Le stade du miroir est un moment du développement de l'enfant que Lacan a mis en valeur en raison de ses incidences psychiques dans la construction du sujet humain. Vers 6-8 mois l'enfant apercevant son image dans un miroir la reconnaît comme la sienne et, élément particulièrement notable, il en jubile. La reconnaissance de sa propre image est accompagnée d'une vraie jubilation.

Pourquoi ? Parce que l'être humain naît prématuré au sens où il dépend complètement de son entourage pour sa survie, il n'a aucune maîtrise de son corps et de ses mouvements pendant de longs mois. L'enfant vit pendant les premiers mois de son existence son corps comme quelque chose d'incoordonné, qui part dans tous les sens, qui n'est pas unifié. Or que se passe-t-il pour lui lorsqu'il se reconnaît dans le miroir ? Soudainement et pour la première fois de sa vie, il se voit, il se vit comme formant un tout. Cette image de lui au miroir qui forme un tout lui donne pour la première fois le sentiment de son unité. Lui qui se vivait sur le mode de l'incoordination et du morcellement se perçoit soudainement unifié grâce à une image de lui-même. C'est un leurre, l'enfant anticipe une maîtrise de son corps qu'il ne possède pas encore dans les faits, mais ce leurre ne l'en attire que davantage.

C'est de là que naît l'inlassable fascination de l'être humain tout au long de sa vie pour tout ce qui a trait à l'image (semblants féminins, phalliques, télévision, peinture, photos, cinéma, décoration, etc.). L'image reste à jamais associée à l'expérience de l'unité. Dès lors, dès qu'une personne dans sa vie se sentira tiraillée, partagée, divisée, elle aura recours à l'image et à ses vertus unificatrices et voilantes : ce sera par exemple pour une adolescente d'adopter un look bien particulier qui lui donnera l'illusion d'une identité bien définie alors qu'en vérité elle est divisée entre ses valeurs enfantines à lâcher et ses valeurs d'adulte à construire, et que son corps est agité de pulsions sexuelles perturbantes réveillées par la puberté. Ce sera pour une femme de changer complètement de coiffure après une rupture amoureuse. Ou pour un homme de s'acheter une belle voiture en cas de vie sexuelle plate. Ce seront des leurres certes, mais ce qu'il faut bien comprendre, c'est que même si l'image, elle, n'est que de l'ordre de l'illusion, le résultat qu'elle produit, lui, est bien réel : l'enfant au miroir comme l'adolescente ou l'adulte a un véritable sentiment d'unité, apaisant. L'image est un formidable pare-angoisse. D'où l'immense succès de la télévision et de l'ordinateur dont les écrans... font écran et dont les images forment un voile sur le réel de la vie.

Nous sommes, dit-on, dans une société de l'image : c'est exact car plus le réel du corps est mis à nu, d'une part par la science depuis les premières dissections de Vésale au 16ème siècle jusqu'à l'imagerie médicale contemporaine la plus fine, d'autre part par les tragédies de l'histoire comme la Shoah où l'être humain a été réduit à un statut de corps-déchet, plus il importe de jeter un voile sur ce réel du corps. Le dévoilement d'un côté appelle le « voilement » de l'autre. Plus la science révélera le plus intime du corps et le divisera en des éléments toujours plus petits et plus nombreux, plus il sera fait appel aux artifices unifiants du voilement par l'image ; au nombre desquels il faut inclure la chirurgie esthétique, qui se banalise. C'est dans l'image que l'être humain trouve son unité de façon privilégiée.

L'analysant : J'ai décidé de me faire refaire le ventre.
L'analyste : Ah oui, pourquoi ?
L'analysant : Parce qu'il est abîmé depuis ma grossesse.
L'analyste : Et ?
L'analysant : Et ce n'est pas beau. En fait, moi ça ne me gêne pas trop. Ce n'est pas joli, mais je sais pourquoi c'est là : à cause de ma grossesse. Mais c'est mon mari que ça gêne. Il me dit que cette peau toute fripée, il ne peut pas la toucher. Ça le dégoûte.

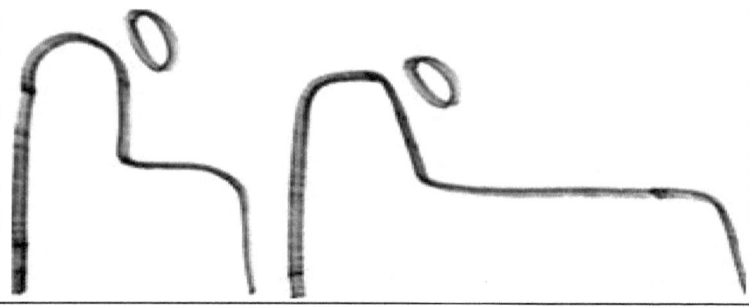

Via l'image lors du stade du miroir l'enfant construit son moi. C'est dans cette image de lui-même qu'il identifie son moi. Le moi, c'est donc une image. Sur cette première image au miroir viendront se superposer beaucoup d'autres images. L'étrange de l'affaire, c'est que le moment où l'enfant se saisit comme moi est celui où il se reconnaît dans un élément extérieur à lui-même : une image dans un miroir. L'instant où il se perçoit comme unité repose sur un élément autre à lui-même ; il est curieux de penser que la constitution du moi repose en fait sur un élément autre. Il y a une sorte de va-et-vient confus entre le moi et cette image ; on parle de transitivisme et on en voit clairement les effets chez les jeunes enfants : tel enfant tape un autre enfant et peut dire en toute sincérité : « il me tape » (au lieu de « je le tape »). Parce que de la même manière qu'il y a indistinction entre lui-même et son image, il y a transitivisme entre son image et celle de l'autre enfant, entre lui et l'autre. Ce transitivisme favorise toutes les futures identifications imaginaires qui vont constituer le moi ; ce que l'enfant a pu faire avec cette première image autre au miroir – y identifier son moi –, il pourra le faire avec d'autres images qui se superposeront les unes aux autres pour étoffer le moi.

Le moi n'est donc pas une instance sur laquelle on peut s'appuyer pour avancer dans une psychanalyse ; car au fond il n'est qu'un empilement d'images autres. La psychanalyse va a contrario tenter de faire chuter ces identifications successives comme autant de fausses secondes peaux dont se débarrasser. Néanmoins ce faisant, le travail psychanalytique va interroger le pourquoi de ces identifications : pourquoi celles-là plutôt que d'autres ? Qu'est-ce qui dans les discours entendus par un sujet l'a amené à privilégier telle identification ? Par exemple pourquoi tel homme s'identifie toujours à des personnages casse-cou ? Peut-être découvrira-t-il au cours de son analyse que son grand-père qu'il aimait tant lui a dit un jour : « tu es mon préféré ; toi, au moins tu n'as peur de rien ! ». Ces identifications à l'image des personnages casse-cou forment pour cet homme ce qu'on appelle le *moi idéal*, tandis que ce trait particulier issu du discours du grand-père – « n'avoir peur de rien » – relève de *l'idéal du moi*. Le premier, le moi idéal, appartient au registre imaginaire et de ce fait sera labile : la facilité avec laquelle on glisse d'une image à une autre favorisera la succession d'identifications diverses comme autant de costumes imaginaires pour le moi. Le second, l'idéal du moi, participe de l'ordre symbolique. A ce titre il fixe une place à partir de laquelle s'organise le moi : une sorte de principe sélecteur et organisateur des différents costumes.

Outre la mise en place des différentes identifications, le transitivisme a une autre conséquence : l'agressivité. En effet la facilité avec laquelle une image prend la place d'une autre est perçue par l'enfant comme la menace que n'importe quel autre enfant puisse prendre sa place. Dans le registre imaginaire rien ne vient garantir les places. L'alter ego, frère, copain, c'est-à-dire n'importe quel « petit autre », peut venir prendre sa place. C'est cette menace perpétuelle qui génère l'agressivité. On le voit bien entre frères et sœurs ou entre camarades de classe. Seules des règles, c'est-à-dire des éléments de l'ordre symbolique, peuvent pacifier les relations entre petits autres qui, si elles étaient cantonnées au strict registre imaginaire, seraient vouées à la pure rivalité et donc au conflit.

Le registre imaginaire a donc des vertus apaisantes dans sa fonction de voile, mais il a aussi des écueils d'agressivité de par sa labilité.

C'est l'intervention de l'ordre symbolique dans le registre imaginaire qui permet une certaine pacification. Les relations entre petits autres ne sont pacifiées que par l'Autre.

Chapitre 9 – L'autre et l'Autre

L'*autre*, qui se lit « petit autre » et l'*Autre*,[1] qui se lit « grand autre » sont des notions fort intéressantes pour mieux comprendre les relations entre êtres humains, entre un sujet et son entourage, familial, amical, professionnel et son rapport à tout ce qui lui est extérieur. Car le rapport d'un sujet à un autre ou à l'Autre n'est pas identique.

L'autre ou les autres, ce sont tous les alter ego qui sont sur un même plan d'égalité avec le sujet : les frères et sœurs, les amis, les collègues de travail, les voisins, etc. Avec l'autre il est question du pareil au même. C'est le registre imaginaire qui prévaut. On est dans des rapports au même, à l'identique ; le petit autre, c'est un peu l'autre moi-même ou c'est ce qu'il y a de moi dans l'autre ; c'est l'autre en tant que je pourrais être à sa place ou lui à la mienne. Par exemple je regarde le film *Le choix de Sophie* et je suis particulièrement touchée par le passage du film où, à l'arrivée au camp de concentration, ordre est donné à Sophie de choisir entre son fils et sa fille pour sauver l'un ou l'autre, parce que je suis moi-même mère d'un garçon et d'une fille du même âge. Le personnage de Sophie est alors un autre auquel je m'identifie, à la place duquel je me mets.
Bref, le petit autre, c'est mon semblable.
Ainsi entre petits autres, l'amitié est essentiellement une relation en miroir basée sur la similitude : on a les mêmes goûts, les mêmes origines, les mêmes valeurs, les mêmes métiers. On a des points communs. Aussi comme toute relation imaginaire, elle peut en raison même des propriétés du registre imaginaire passer facilement de la plus totale

---

[1] Termes isolés comme tels par Lacan.

complicité à la plus grande rivalité. L'amitié, parce qu'elle est fondée sur la ressemblance, nourrit en son sein sa propre fin : au revers du rapport du même au même se profilent agressivité, rivalité, jalousie. On voit ça très bien dans tout groupe de petits autres : fratrie, cour d'école, bureau. On y passe facilement du rire à la rage, de la chatouille aux poings, de l'admiration au dénigrement, de l'affection à la haine. Toute relation qui reste strictement imaginaire, en miroir, est vouée à dégénérer.

L'analysant : Avec les gens, souvent je ne suis pas bien.
L'analyste : C'est-à-dire ?
L'analysant : Souvent je suis jalouse.
L'analyste : Jalouse ?
L'analysant : Oui, je suis toujours en train de me comparer, de me dire, celle-là elle a plus de ceci ou de cela... L'autre jour, j'étais en train de m'acheter un manteau. Une femme est entrée, bien habillée, elle faisait riche. Je me suis sentie mal, toute petite, j'avais honte de ne pas être aussi riche. [...]
L'analyste : Autrui est un miroir pour vous. C'est sans fin.

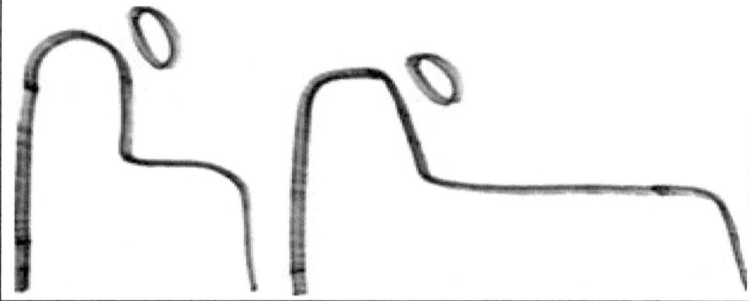

Pour pacifier les relations entre petits autres, il faut de l'Autre : l'intervention de l'Autre-loi ou l'acceptation de la part d'Autre en l'autre, i.e. de sa part d'absolue différence.

L'Autre n'est pas dans un rapport du pareil au même avec le sujet, mais dans un rapport basé sur une radicale hétérogénéité. L'Autre est sur un plan totalement différent du sujet ; il n'est pas question de similitude, de ressemblance, de miroir, mais de radicale altérité. L'Autre appartient à l'ordre symbolique et non au registre imaginaire : c'est le langage, la Loi, Dieu, tout ce qui en quelque sorte transcende le sujet.

Si ce qui est Autre relève de l'ordre symbolique, l'Autre va cependant prendre différentes incarnations, il va prendre corps : c'est d'abord l'Autre maternel pour le sujet ; la mère est le premier Autre pour l'enfant ; la mère n'est pas sur un même plan avec l'enfant, elle est dans un rapport hétérogène ; c'est aussi le père, puis l'instituteur, le professeur, le patron, toute personne dans une position « supérieure » par rapport au sujet.

L'Autre, c'est encore l'autre sujet en tant qu'il est radicalement différent de moi, en tant qu'il recèle une part unique et singulière non assimilable dans un rapport du pareil au même. Il y a de l'Autre dans l'autre. Dans le petit autre, mon semblable, il y a une part d'Autre.

L'Autre en tant que Loi pacifie les rapports imaginaires. Il affecte à chacun des places, des limites qui sont garantes de l'intégrité de ces places ; il lève la menace de voir toujours le petit autre prendre ou envahir notre place. Nous l'avons déjà évoqué, l'intervention de l'ordre symbolique dans le registre imaginaire est ce qui permet une certaine pacification.

L'Autre véhicule le désir en lui donnant un cadre, même si c'est souvent un cadre à transgresser. Pas de désir sans Loi ; pas de désir sans interdits. Sans l'apaisement par l'Autre et sans un rapport au manque produit par l'Autre et donc sans un rapport au désir, l'être humain a affaire à l'appétit vorace de jouissance de son corps qui le mène aux extrémités : conduites addictives (alcool, drogue, nourriture, shopping, travail…), sports extrêmes, conduites dangereuses, hyperactivité, etc.

> *L'analysant :* Je fais des conneries... je deale un peu... je vole dans les magasins...
> L'analyste : Vous me dites cela avec une mine de petit garçon...
> *L'analysant :* Oui, parce que je sais que ce sont des bêtises, c'est débile, mes parents sont aisés, je n'ai pas besoin de voler quoi que ce soit.
> L'analyste : Alors pourquoi le faites-vous ?
> *L'analysant :* Je ne sais pas... j'ai toujours un problème avec l'autorité, les autorités... C'est pour franchir des interdits...
> L'analyste : Vous ne vous êtes jamais fait prendre ?
> *L'analysant :* Non, parce que je connais bien ma ville, mais je suis sur la mauvaise voie, je vais de plus en plus loin si on ne m'aide pas à m'arrêter.
> L'analyste : Que les autorités vous arrêtent, vous le craignez ou vous l'attendez ?
> *L'analysant :* Les deux : je n'en ai pas envie mais je crois que cela me remettrait sur la bonne voie.

Mais à côté de la face apaisante et strictement nécessaire de l'Autre, il existe aussi un aspect plus inquiétant de l'Autre. Car dans le rapport d'un sujet à l'Autre se pose toujours la question : « Que me veut l'Autre ? ». Cela commence pour l'enfant avec l'Autre maternel : que me veut-elle ? Me manger ? M'abandonner ?... Et cela se poursuit avec toutes les autres incarnations de l'Autre : la maîtresse, que me veut-elle quand tantôt elle me sourit, tantôt elle me gronde ? Mon patron, qu'attend-il de moi, que pense-t-il de moi ?

C'est une question qui demeure toujours latente car elle est sans réponse définitive et complète. Le langage ne permet pas d'apporter une réponse complète ; l'Autre-langage est incomplet. En effet quand bien même le sujet formulerait sa question à l'Autre incarné – Que me veux-tu ?–, quand bien même ce dernier tenterait d'y répondre, il subsisterait toujours un écart irréductible entre ce qui est dit et ce qui veut être dit. Les mots ne peuvent tout dire et leur sens échappe à l'interprétation unique et définitive. Et heureusement, car cet écart et ce flou relatif laissent au sujet un espace de liberté où il peut s'inventer et trouver ses propres réponses. Lorsqu'a contrario un sujet donne un sens unique à un mot ou à une expression prononcée par l'Autre, lorsqu'il n'en questionne pas indéfiniment le sens, il peut être totalement figé sous une sorte de mot-diktat. On voit cela avec certains psychotiques : tel enfant par exemple, qui aura entendu de la bouche de sa mère « sale gosse », interprétera de façon littérale et unique cette expression et se réduira à n'être qu'un enfant sale, se salissant en permanence et ne sachant faire que cela. Tout son être sera contenu et arrêté dans le sens unique de cette expression, sans le jeu qu'aurait permis un questionnement illimité et sans réponse de son sens tel que : sale, que veut-elle dire ? Que je me salis ou que je ne suis pas sage ? Pourquoi me dit-elle cela maintenant ? A cause de moi ou parce qu'elle est de mauvaise humeur ? Je ne comprends pas, je ne sais pas ce qu'elle me veut...

L'analysant : J'ai eu mon entretien d'évaluation annuelle. Mon boss m'a dit qu'il était content de moi. Que j'étais quelqu'un de sérieux, fait pour la réflexion. Ca me travaille...
L'analyste : Hmm ?
L'analysant : Je ne sais pas ce qu'il voulait dire par là. Ca avait l'air d'un compliment. Mais est-ce que ça ne veut pas dire aussi qu'il trouve que je ne suis pas bon pour l'opérationnel ? C'est vrai que je préfère construire le projet client plutôt que d'aller vendre le projet au client. Mai, bon, je le fais quand même. Je ne sais pas s'il voulait me dire qu'il fallait que je progresse.

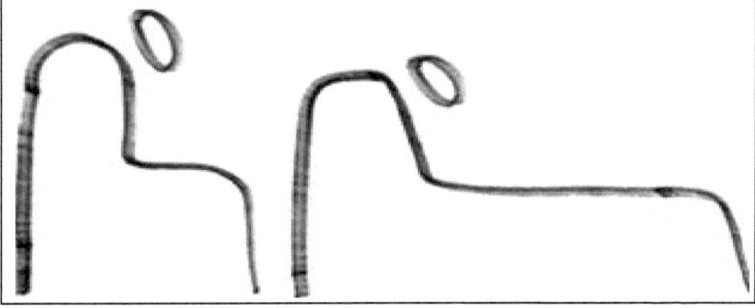

Il faut qu'un mot, même s'il vient à désigner un sujet, puisse s'enchaîner à d'autres mots qui vont être des interprétations possibles. Le maître-mot doit s'enchaîner à d'autres sans saturer l'interprétation, en y laissant un vide mystérieux où viendront se loger les inventions du sujet : sale ? Cela veut dire vilain ? C'est-à-dire pas beau ou pas sage ? Que veut-elle dire par là ?... Ce sujet pourra alors, inconsciemment en réponse, décider d'être le plus soigné ou le plus négligé, de faire le beau ou de se sentir moche, puisque ce que lui veut l'Autre maternel n'est pas une certitude arrêtée.

A défaut d'un tel jeu possible dans l'interprétation d'une parole de l'Autre maternel, l'enfant peut rester figé dans une position d'objet de la jouissance de la mère.

Chapitre 10 – Jouissance, répétition et fantasme

Dans son acception commune le mot jouissance évoque en général un plaisir fort, parfois l'orgasme sexuel lui-même. En psychanalyse, jouissance est employé dans un sens à la fois plus large et différent. Il se réfère à une satisfaction qu'un sujet trouve parfois dans le plaisir mais le plus souvent dans la souffrance. La *jouissance* est une expérience qui convoque tout l'être d'un sujet. Cela veut dire quoi ?

Rappelons-nous la fameuse jouissance mythique déjà évoquée et ce qui la suit, l'opération de vidage de cette jouissance par le langage. C'est-à-dire cette opération où une partie de la jouissance va être transférée en mots dans la demande, mais où une partie reste irréductible à toute mise en mots, une partie perdue. Cette opération laisse le sujet *divisé*, loin d'une mythique complétude.

Or le temps d'une expérience de jouissance, tout l'être d'un sujet est de nouveau convoqué, comme si sa division était momentanément suspendue. Prenons deux exemples : lors d'un orgasme, le sujet est tout entier happé pendant quelques instants dans cette sensation. Il n'est plus divisé, à se demander par exemple « j'aime ou je n'aime pas mon partenaire », « j'aime ou j'ai peur du sexe ». Lors de l'annonce de la mort d'un être cher, là aussi le sujet est tout entier pris dans sa douleur. On pourrait dire que lors d'un tel instant le sujet sait qui il est, où il est, dans une sorte de présence totale, même si c'est la pire douleur qui produit cette « entièreté ». C'est pourquoi en psychanalyse on pourra parler de jouissance dans les expériences les plus douloureuses par exemple comme un viol, où il n'est pas question évidemment de plaisir, mais plutôt d'une sorte d'intensité de la présence du sujet dans l'horreur.

Alors quel est l'intérêt de cette notion en psychanalyse ? Eh bien, cela tient à ce qu'on a constaté que dans la vie d'un sujet, le pire ou du moins ce qui le fait souffrir, se répétait. Il y a une étrange *répétition* des mêmes situations, des mêmes comportements, des mêmes choses qui précisément sont le cœur de la souffrance d'un sujet. Ca se répète. Et ce « ça », c'est de la jouissance, c'est-à-dire cette satisfaction paradoxale que le sujet trouve le plus souvent dans la douleur. Ca se répète parce que le sujet dans la jouissance n'est plus divisé ; parce que pour un être humain ou plus précisément pour un parlêtre, pour que la répétition cesse, il faut qu'il y ait eu symbolisation (notamment par la mise en mots), c'est-à-dire que la jouissance ait été localisée et assignée à une place grâce au symbolique.

L'analyste : En somme, les hommes font "n'importe quoi" avec vous, pour reprendre votre expression.
L'analysante : Ah, je n'avais pas remarqué que j'avais dit cela.
L'analyste : Vous l'avez dit à propos de votre père, quand il a commis l'inexcusable ; à propos de ce jeu avec un ami qui s'est mis à faire n'importe quoi avec vous ; et à propos de votre ex-mari.
L'analysant : C'est vrai.
L'analyste : En tout cas, ça se répète.
L'analysant : Oui, du coup, je me pose la question de savoir quel est mon rôle là-dedans.
L'analyste : Oui.

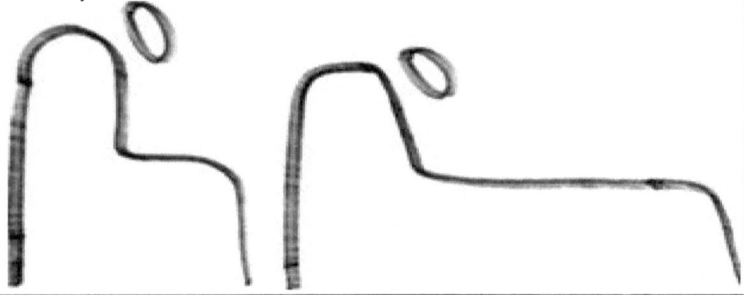

Pour autant, tout de la jouissance ne peut être symbolisé. La jouissance ne peut être toute-dite ni entièrement mise en mots. Il reste un cœur de jouissance irréductible à toute symbolisation. Ce cœur de jouissance, c'est ce qu'on retrouve dans ce qu'on appelle le *fantasme* fondamental d'un sujet.

Le fantasme, c'est une sorte de scénario, en général inconscient, qu'au cours d'une analyse on va cerner jusqu'à le réduire à une courte phrase ; scénario qui met en scène le cœur de la jouissance d'un sujet, en particulier dans son rapport à l'Autre. Dans le fantasme l'Autre veut rarement du bien au sujet ; quelle que soit la formulation unique que prend son fantasme pour un sujet, il y est question d'un Autre qui lui veut du mal. Freud en avait donné un exemple resté célèbre : « on bat un enfant ». Dans chaque formulation se trouvent ce « on » en place de l'Autre et cet « enfant » en place du sujet, ou parfois directement le sujet sous forme d'un « je », d'un « moi », ou d'un « me » : on se moque d'un enfant ou on se moque de moi ; on abandonne un enfant ou on m'abandonne ; on met à l'écart un enfant ou on me met à l'écart. Les possibilités de fantasme sont aussi nombreuses qu'il existe de sujets, puisque chaque sujet élabore son fantasme en fonction de son histoire et de sa rencontre avec la jouissance.

Souvent dans les analyses, on découvre que le premier ou l'un des premiers souvenirs conscients d'un sujet est en lien avec le fantasme – si ce n'est à son origine –. Comme si la jouissance rencontrée lors de l'expérience évoquée par le souvenir marquait le sujet d'une empreinte indélébile et était vouée à se répéter. Par exemple pour tel sujet dont le fantasme est « on se moque de moi », on peut trouver un souvenir où ce sujet féminin a été l'objet de rires moqueurs de ses camarades à la maternelle lorsqu'elle s'est adressée à un garçon dans la cour de récréation :

L'analysant : Je pense que je vais redoubler.
L'analyste : Et ça te fait quoi ?
L'analysant : J'ai peur que les autres rigolent...
L'analyste : Tu entends ce que tu dis ? Encore une fois tu dis "que les autres rigolent". Tu as un souvenir quand tu étais plus petite où les autres ont rigolé ?
L'analysant : Non... je ne sais pas... si... En maternelle, j'étais souvent seule dans la cour et un jour j'ai posé une question à un garçon et les autres filles ont rigolé [...].
L'analyste : Et tu t'en souviens encore ?! Pourtant cela fait au moins sept ans...
L'analysant : Oui, ça fait même plus, j'avais trois ans.
L'analyste : Trois ans... ! Cela a dû beaucoup te marquer pour que tu t'en souviennes encore et pour que tu aies toujours cette peur que "les autres rigolent".

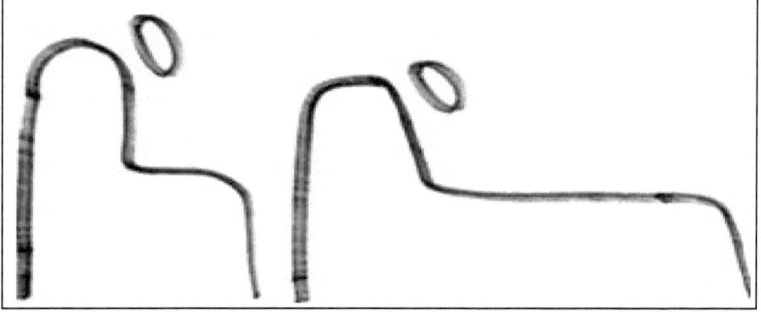

Mais on ne peut pas toujours mettre le doigt sur une trace évocatrice d'un lien direct avec le fantasme d'un sujet. Parfois c'est toute l'enfance du sujet qui semble en lien avec son fantasme, comme par exemple en cas de fantasme d'abandon, lorsque le sujet a souffert d'une mère abandonnique. D'autres fois, on ne met à jour aucun événement particulier dans la vie d'un sujet ; on repère seulement son fantasme à la façon dont il oriente la vie actuelle du sujet.

Car le fantasme détermine la vie du sujet à son insu : tel sujet qui a un fantasme d'abandon se retrouvera toujours dans des situations où l'Autre le laisse tomber au sens propre ou figuré ; tel autre dont le fantasme est « on abuse de moi » vivra à répétition des expériences où il sera d'une façon ou d'une autre abusé. Le fantasme agit d'une part comme une sorte de prisme déformant à travers lequel le sujet percevra la réalité et son rapport à l'Autre : celui au fantasme d'abandon se sentira souvent abandonné, plus souvent qu'un autre ; la moindre tiédeur de l'Autre sera interprétée et vécue comme un abandon. D'autre part, le fantasme est une sorte de mécanique inconsciente qui pousse le sujet à provoquer des situations où il expérimentera de nouveau la jouissance de son fantasme : ce même sujet par exemple, dans sa vie amoureuse, ne choisira que des partenaires qui finiront par l'abandonner.

En somme le sujet d'un côté interprète la réalité, de l'autre la crée, conformément à son fantasme.

L'analysant : Mon nouveau bureau est tout blanc, trop blanc, sans vie. Nous ne sommes que deux à avoir ainsi un bureau fermé. Chacun à un bout de l'étage. Je me sens comme mise à l'écart.
L'analyste : Mise à l'écart ?
L'analysant : Oui, comme quand j'étais petite : je me sentais mise à l'écart de mon frère et de ma sœur. [...].
L'analyste : Vous avez souvent ce sentiment qu'on vous met à l'écart.
L'analysant : Oui, ça m'arrive souvent. Mais je n'y peux rien, je ne sais pas pourquoi les gens sont comme ça avec moi. Je ne fais rien pour.
L'analyste : …

L'analysant : Si, vous pensez que je fais quelque chose pour être mise à l'écart ?
L'analyste : …

L'analyse permet au sujet de « traverser son fantasme », c'est-à-dire d'en trouver une formulation la plus serrée possible et de s'en dégager un petit peu. La traversée du fantasme permet au sujet d'en savoir un petit bout sur sa jouissance et, en quelque sorte, de se voir venir dans nombre de situations et dans son rapport à l'Autre (où son fantasme pouvait être à l'œuvre). Il n'est plus totalement la marionnette de son propre fantasme. Il gagne une légère marge de manœuvre par rapport à celui-ci. « Légère » marge, car la jouissance ne se laisse pas toute réduire dans la formulation du fantasme ; les mots, la parole de l'analysant n'épuisent pas tout de sa jouissance ; l'analyse permet de cerner au plus près ce noyau de jouissance ; mais il y a un reste. Une sorte d'os ou de trognon irréductible que l'on ne maîtrise pas, que l'on ne contrôle pas, avec lequel l'analyse apprend à faire ; à faire avec.

Chapitre 11 – L'analyse

Chaque analyse est unique, comme l'est chaque sujet.

L'une prendra quelques années, l'autre prendra plus de vingt ans. Ce qui est commun à toute analyse, c'est d'abord que cela prend un certain temps : le temps de l'inconscient qui n'avance pas forcément au même rythme que les prises de conscience, et qui ne se plie pas à la volonté de raisonnement ou de contrôle de l'analysant. Bien au contraire, c'est souvent dans la surprise et non dans la maîtrise, que l'inconscient se dévoile et qu'il est atteint : surprise d'un lapsus ou d'un acte manqué, surprise d'une interprétation faite par l'analyste à l'analysant au moment opportun.

Ensuite autre point commun, c'est qu'une analyse est un travail, avec ce que cela sous-entend de pénibilité. Même s'il arrive fréquemment que les premières séances aient un certain effet apaisant ou allégeant pour l'analysant, ce dernier traversera en général des moments difficiles dans son parcours analytique : parfois à l'évocation de souvenirs douloureux, d'autres fois à cause d'une impression de tourner en rond ou d'un surgissement de l'angoisse, mais surtout parce que l'analyste l'amènera à voir des zones de lui-même et des façons dont il organise sa vie, que l'analysant préférerait continuer à ignorer, et parce qu'au cours de son travail un certain nombre d'illusions chuteront pour le sujet, que certaines vanités seront aperçues et qu'enfin une place au réel sera faite. Et rappelons-nous que le réel, c'est ce contre quoi on se cogne, c'est l'indicible.

L'analysant : C'est pas agréable parfois l'analyse.
L'analyste : …
L'analysant : Ça culpabilise.
L'analyste : C'est-à-dire ?
L'analysant : Ça culpabilise quand on se rend compte des choix qu'on a faits. C'est douloureux de se rendre compte que pour bien des choses, on est seul responsable.
L'analyste : Oui, responsable.

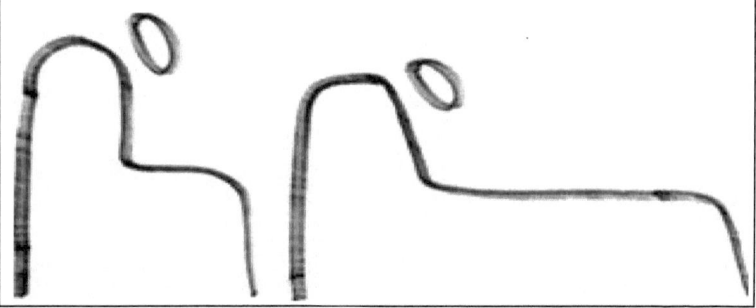

Ce qu'ont encore en commun toutes les analyses, c'est ce qu'elles ne sont pas : elles ne sont pas une collaboration entre une personne, l'analysant, et une autre, l'analyste, qui saurait, lui, ce qui est bien pour le premier, se placerait en position de maître par rapport à lui et userait à son égard de toutes les ruses de la suggestion pour le remettre dans ce qu'il considérerait être le droit chemin. L'analyste n'est ni un maître, ni un gourou, ni une sorte de coach qui rééduque l'analysant. Il n'a pas de modèle prêt-à-porter, ni d'idée préconçue sur ce qui est bien pour un sujet. Chaque sujet étant unique et singulier, ses solutions à construire dans l'analyse le seront aussi.

L'analysant : Vous allez me donner des conseils, me dire ce que je dois faire ?
L'analyste : Non, je ne vous donnerai pas de conseils...
L'analysant : Vous n'allez pas me dire ce qu'il faut que je fasse ?
L'analyste : Ce qu'il faut... ? Non, je ne sais pas « ce qu'il faut ».
L'analysant : Et ça va durer combien de temps ? Quand pourrons-nous faire un premier bilan ?
L'analyste : Vous verrez... Ca prend du temps, c'est tout ce que l'on sait.
L'analysant : Et vous me parlerez ? Vous ne me laisserez pas parler sans rien dire, vous ?
L'analyste : Parfois, oui, je vous parlerai, je vous questionnerai. Parfois, je me tairai.

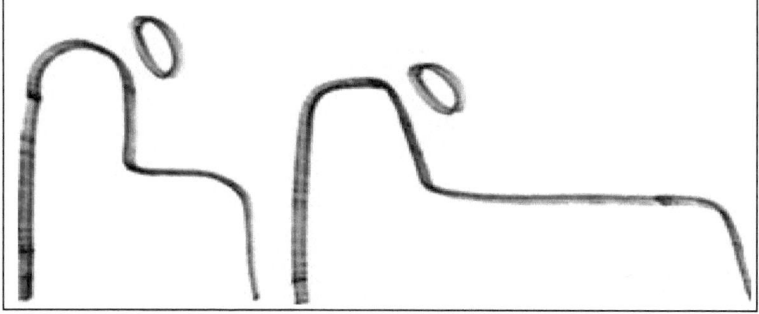

On dit, reprenant les propos de Freud et de Lacan, que dans une analyse la guérison est un bénéfice secondaire ou vient de surcroît. Cela signifie que ce n'est pas en s'obnubilant sur les symptômes avec lesquels un patient arrive, en tentant à tout prix de les éradiquer que l'analyse montrera son efficacité. Cela ne veut pas dire que l'analyste néglige les symptômes, mais qu'il sait – parce qu'il l'a découvert dans sa propre analyse – que les symptômes ont une cause mais surtout une fonction : une fonction de jouissance, c'est-à-dire qu'ils sont une solution, certes souvent bancale et gênante, mais une solution tout de même qu'a trouvée le sujet pour faire avec la jouissance, avec le réel.

Alors l'analyse va certes chercher la cause du symptôme, et pour cela l'analysant va parler de son enfance, va raconter sa vie, va en faire une histoire où seront aperçues certaines origines de son mal-être et de ses symptômes ; mais surtout ce que l'analyse va tenter de faire, c'est d'apercevoir en quoi ces symptômes parfois invalidants sont une façon de supporter la jouissance particulière d'un sujet, qui se répète. Derrière la face dérangeante d'un symptôme, il s'agit d'en découvrir la fonction de solution par rapport à une jouissance qu'il faut cerner.

L'analysant : Je réfléchis beaucoup à mon obsession de la maîtrise, de l'organisation.
L'analyste : hmm...
L'analysant : Je me dis qu'il faut que j'arrive à lâcher prise sur des petites choses.
L'analyste : Comme quoi ?
L'analysant : Eh bien, par exemple à la maison, j'ai laissé des vêtements en tas.
L'analyste : Et ?
L'analysant : C'est moche, alors je finis par ranger. L'autre soir, nous avions une fête dans Paris. D'habitude, je vérifie l'adresse sur Internet. Là, je suis partie sans l'adresse.
L'analyste : Et ?
L'analysant : On a un peu ramé, car je ne savais que le quartier où avait lieu la fête. Mais on a fini par rencontrer des copains qui y allaient. Sinon, on aurait téléphoné à une copine. J'étais contente de moi, je me disais : c'est pas grave.
L'analyste : A quoi ça vous sert habituellement cette maîtrise ?

L'analysant : Ce qui me vient à l'esprit, c'est que quand ma mère s'est alcoolisée, on ne maîtrisait plus rien du tout.

Quand la cause, la fonction et la jouissance en jeu auront été cernées, le travail analytique consistera à soutenir l'analysant dans l'invention de nouvelles solutions, de nouvelles trouvailles, façons tout à fait personnelles qu'il mettra en œuvre pour faire avec le réel de la vie.

Prenons un exemple fictif pour rendre ce développement sur l'analyse et les symptômes plus concret : imaginons une jeune femme qui gagnerait sa vie en faisant chaque soir des strip-teases, ce qui la laisserait épuisée, démoralisée, dans une grande souffrance morale. Une façon non analytique de résoudre sa difficulté serait de la convaincre de changer de métier. Ce n'est pas la façon dont l'analyse procédera. L'analyste amènera la jeune femme à se questionner sur son choix, à chercher ce qui dans sa propre histoire peut l'expliquer, et surtout l'orientera vers la jouissance en jeu dans ce choix de se faire voir au quotidien. Peut-être émergera-t-il un traumatisme ancien où, par exemple, cette jeune femme aura subi pendant toute son enfance des déshabillages intempestifs de la part d'un cousin moqueur. Elle apercevra alors en quoi son choix de métier est en lien avec une jouissance rencontrée dans l'enfance, celle d'être vue nue, et en quoi il met en jeu son objet a : le regard. Au terme de son analyse, cette jeune femme pourra inventer une nouvelle façon de faire avec sa jouissance, un nouveau symptôme que Lacan appelait « sinthome » ; plus orienté du côté de la vie que de la souffrance. Dans son cas on peut imaginer qu'elle s'inscrira au cours Florent pour devenir comédienne, afin de continuer à être vue mais protégée par les rôles et les costumes de ses personnages.

L'analyse amène chacun à faire avec sa « clocherie » fondamentale. Nous sommes tous de guingois, boiteux, ne serait-ce que parce que nous sommes des êtres parlants et que c'est là notre principale « maladie », mais aussi en raison des aléas et des mauvaises rencontres de la vie. L'analyse propose de passer d'un dérangement à un arrangement ; et bien sûr ce faisant, elle peut éradiquer les symptômes de départ ou du moins les atténuer et les rendre vivables ; mais pas sans s'en être servi pour interroger la fonction de jouissance, le réel en jeu pour un sujet.

Alors comment l'analyse procède-t-elle ? D'abord et seulement par la parole. Est-ce pour autant un exercice purement intellectuel ? Non, dans la mesure où la parole a des effets sur le corps. D'ailleurs au terme de leur analyse, les analysants s'aperçoivent souvent qu'ils sont bien moins fréquemment malades qu'avant.

La parole a des effets sur le corps parce que nous sommes des êtres de langage, marqués jusque dans notre chair par l'ordre symbolique (jouissance mythique, castration, Œdipe...), déterminés par les discours de l'Autre, affectés par des maîtres-mots qui nous épinglent à notre insu. L'être humain n'a pas seulement rapport à son corps comme à un simple organisme, mais comme à une notion construite à la jonction du registre imaginaire (stade du miroir) et de l'ordre symbolique. Ainsi pour le parlêtre dont le corps a subi l'empreinte du langage, la parole – c'est-à-dire la mise en acte du langage – a des effets sur ce même corps et sur son psychisme.

> L'analyste : Avant votre problème de violentes migraines, vous aviez déjà eu affaire à la douleur ?
> *L'analysant : Pas vraiment... Vers 10 ans, j'ai souffert du dos à cause d'une scoliose. J'ai eu de la rééducation jusqu'à 18 ou 20 ans.*
> L'analyste : Rien d'autre ?
> *L'analysant : Si, j'ai eu un kyste à l'ovaire, il y a 3 ans. [...] Avant, vers 20 ans, j'avais eu un problème de mastose.*
> L'analyste : Vous pouvez me préciser ?
> *L'analysant : J'avais les seins qui se contractaient et devenaient très douloureux. C'était peut-être le stress.*
> L'analyste : Dû à quoi ?
> *L'analysant : Je suis partie de chez moi pour mes études.*
> L'analyste : Et vos autres douleurs, dos, ovaire, migraines, ont-elles un lien aussi avec un départ ?
> *L'analysant : Je ne sais pas. Peut-être... le dos, ça devait être l'époque où je suis passée en sixième, j'avais sauté une classe... le kyste, c'était une période de transition : j'ai quitté l'école pour commencer à travailler.*
> L'analyste : Et les migraines ?
> *L'analysant : Non, je ne vois pas. C'était 6 mois avant mon mariage.*
> L'analyste : Le mariage, c'était un changement aussi ?
> *L'analysant : Oui, certainement.*

L'analyste : D'un côté des transitions et de l'autre votre corps qui se met à souffrir…

La parole, ce sera d'une part celle de l'analysant qui va d'abord venir dire à l'analyste ce qui l'amène.

Et ce n'est pas facile de franchir le seuil d'un cabinet : il faut en quelque sorte mettre son orgueil dans sa poche pour s'avouer que là, malgré tous ses efforts, on n'arrive pas à résoudre ses difficultés seul et qu'on a besoin de l'aide d'un tiers. On vient en analyse lorsqu'on est dans une souffrance inextricable.

L'analysant va essayer de formuler son mal-être et d'en retrouver les coordonnées dans son histoire : quand cela a-t-il commencé ? A quelle occasion ? Quel était le contexte ? Était-ce la première fois ? L'analysant va essayer de mettre des mots sur ce qui l'affecte. Avec l'aide de l'analyste il va « historiser » sa vie, c'est-à-dire en faire une narration où les événements forment un enchaînement non pas forcément chronologique, mais un enchaînement où les choses prennent place, s'éclairent, se lient les unes aux autres, où les symptômes ou le mal-être vont venir s'inscrire dans une logique.

L'analysant : Je ne comprends pas : quand je parle avec des gens, je veux toujours avoir le dernier mot.
L'analyste : Le dernier mot ?
L'analysant : Oui, c'est plus fort que moi, je veux toujours avoir raison, je ne supporte pas de laisser l'autre avoir raison.
L'analyste : Quand à 10 ans vous avez subi les attouchements de votre cousin, comment y avez-vous mis fin ?
L'analysant : En le menaçant de tout dire, en lui tenant tête.
L'analyste : L'autre jour, vous avez dit : j'ai eu le dernier mot contre lui...
L'analysant : Oui.
L'analyste : Autrement dit, « avoir le dernier mot » vous a sauvé.
L'analysant : ... oui...

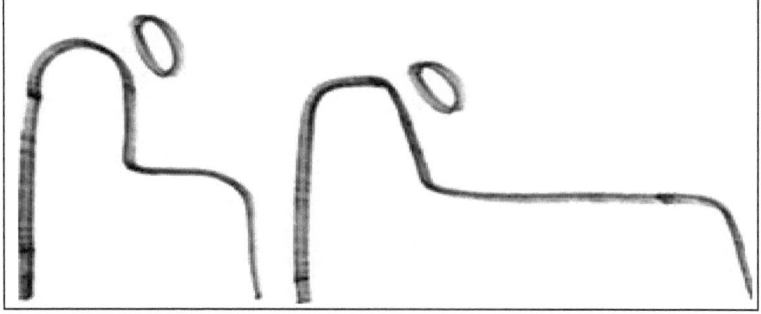

L'analysant va parler de son passé, mais pas seulement. Invité à l'association libre, c'est-à-dire à dire tout ce qui lui passe par l'esprit sans préjuger de la pertinence ou de l'intelligence de ses pensées (sachant que Freud considérait que cette association en réalité était tout sauf libre, mais a contrario commandée par l'inconscient), il va parler de tout et de rien, de lui, des autres, de ses rapports aux autres, de son travail, de ses soucis, de ses projets, de ses rêves, de ses interrogations, ou parfois ne pas parler du tout.

L'analysant : Ma mère était sale, grossière, elle parlait mal à mon père ; à la maison, c'était le bazar ; ses vêtements étaient toujours pleins de tâches. Elle me faisait honte. Quand elle m'embrassait, je m'essuyais la joue.
L'analyste : Et votre responsable hiérarchique ?
L'analysant : Comment ça, ma responsable hiérarchique ???
L'analyste : Quand vous parliez en début de séance de cette responsable avec laquelle vous ne vous entendez pas, qu'avez-vous dit à son sujet ?
L'analysant : Qu'elle était grossière... ah oui, tiens, comme ma mère... il doit y avoir un lien...

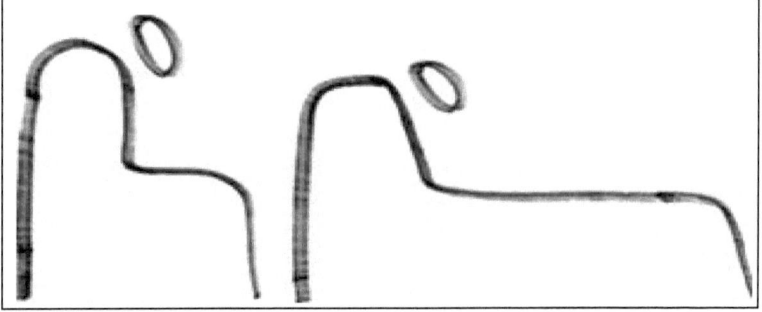

La parole, ce sera d'autre part celle de ce tiers neutre, l'analyste. Celui-ci fera un usage de la parole particulièrement subversif : d'abord parce qu'il s'attachera à faire entendre à l'analysant ce qu'il dit vraiment dans ses propos ; c'est un « entendez ce que vous dites » dérangeant ; ensuite parce que la parole de l'analyste n'est pas un flot de paroles confortables destinées à boucher tous les trous de la misère du sujet, mais plutôt une parole ponctuelle, parfois rare[1], souvent surprenante, qui déloge le sujet de ses schémas

---

[1] Ce que ne peut rendre le principe des extraits de séance qui oblige à choisir des moments vifs de dialogue pleins de sens, c'est le réel du silence, fondamental dans une analyse, qui vient faire buter l'analysant contre l'insupportable et le hors-sens.

prêts-à-penser, qui l'empêche de continuer à penser en rond ; une sorte de grain de sable qui fait riper la mécanique bien huilée du sujet, laquelle remettait ce dernier toujours dans les mêmes souffrances ; pas une parole qui colmate les brèches mais qui a contrario en ouvre, comme autant de questions que l'analysant va devoir faire siennes.

> *L'analysant : Ca va mieux. J'ai réussi à parler à de nouvelles mamans à l'école de ma fille. Je n'arrivais plus à parler, j'avais un peu honte de notre famille recomposée, je me disais - et je me dis souvent - que les gens devaient me trouver amorale.*
> L'analyste : Amorale ?
> *L'analysant : Oh, je sais ce que vous allez me dire : on s'en fiche de ce que les autres pensent, ils ne savent pas ce que j'ai vécu auprès de mon ex-mari ; du moment que moi je suis persuadée d'avoir bien fait. Mais les apparences sont contre moi : partir avec un homme plus jeune que soi et être enceinte, c'est moi la méchante.*
> L'analyste : C'est votre situation d'avant qui était amorale.
> *L'analysant : ?????*
> L'analyste : Rester avec un homme qui vous traite mal, juste pour sauver les apparences, ça c'est amoral.
>
>

L'analysant : J'essaie toujours d'être gentille.
L'analyste : Pourquoi voulez-vous être gentille ?
L'analysant : Je ne sais pas… parce que c'est bien…
L'analyste : Ah oui ? En quoi c'est bien ?
L'analysant : … ben c'est bien, parce que… c'est bien…
L'analyste : Pour qui c'est bien ?

L'analyse ne comble pas les manques ; au contraire elle en joue ; elle cultive le manque comme voie du désir. Car le désir est un frein à la jouissance (entendue comme satisfaction trouvée dans la souffrance), et est force et mouvement de vie.

L'analysant : Je ne suis pas heureuse. Et pourtant je devrais l'être. J'ai tout pour être heureuse, mon mari fait tout pour que je le sois, il est aux petits soins avec moi, toujours attentionné. Il est extraordinaire, tout le monde le dit, tout le monde le remarque. Je ne comprends pas pourquoi je n'arrive pas à lui donner ce qu'il attend, pourquoi je n'ai pas de désir.
L'analyste : Finalement, à part de désir, vous manquez de quoi ?
L'analysant : De rien, je ne manque de rien.
L'analyste : C'est terrible.
L'analysant : ???

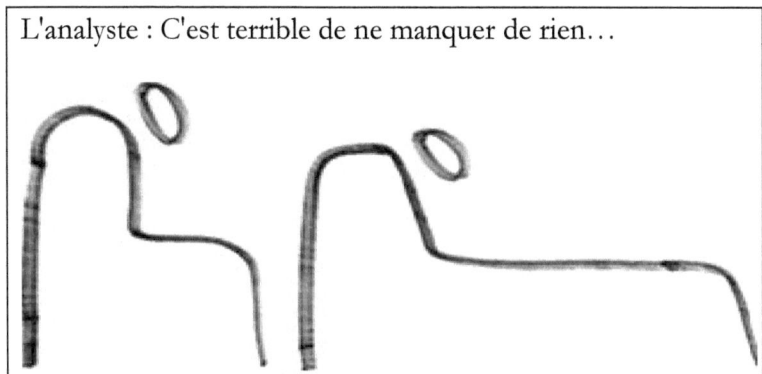

L'analyste : C'est terrible de ne manquer de rien…

Ensuite chaque analysant va avancer – ou souvent résister[1] ! – à son rythme. Bien sûr, on retrouve dans la plupart des analyses des moments clés qui vont de la subjectivation (i.e. le moment où le sujet entrevoit sa responsabilité dans ce qui lui arrive) à la formulation de la jouissance, en passant par l'aperçu des constructions symptomatiques et de la position subjective, la chute des identifications et des semblants, la traversée du fantasme, la modification du rapport à l'Autre et la décomplétude de ce dernier. Mais ainsi listées ces étapes clés restent un peu lettre morte ; car ce n'est que dans sa propre analyse en les expérimentant, en les vivant, qu'elles prennent tout leur sens. On passe par des étapes importantes dans son analyse et ce n'est que dans l'après-coup de ces étapes qu'on peut se dire : par exemple c'était ce que la psychanalyse appelle la traversée du fantasme.

---

[1] La résistance de l'analysant est celle de son inconscient qui ne se laisse pas facilement déranger. Elle prend différentes formes par exemple comme le sentiment de tourner en rond ou une majoration passagère des symptômes.

L'analysant : Je reviens aujourd'hui après deux mois d'absence pour vous dire que ce sera ma dernière séance. Car je vais bien. Vous savez pourtant les événements difficiles d'il y a deux mois. J'ai été mal, j'ai beaucoup pleuré. Et pourtant... je l'ai bien vécu. Je me suis autorisée à aller mal. Je me suis dit que c'était normal d'aller mal dans ces circonstances, que j'irai mieux dans quelque temps. Je n'ai pas perdu confiance.
L'analyste : Vous autoriser à mal aller vous permet de vivre bien...
L'analysant : Oui. Et aujourd'hui je vais bien, je suis portée par l'envie de faire plein de choses, de rencontrer des gens. Je suis pleine d'allant.

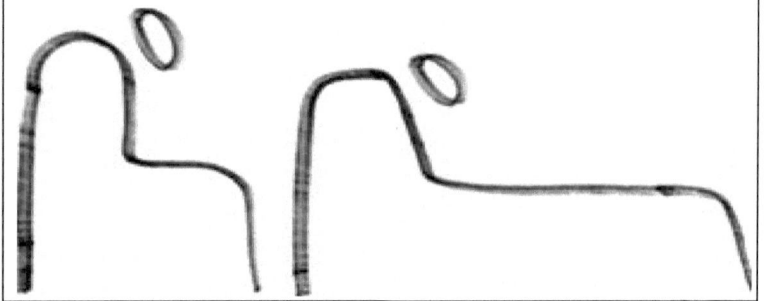

Et surtout cette liste laisse de côté la principale opération de l'analyse : la construction symptomatique ou sinthomatique, c'est-à-dire l'élaboration de nouvelles solutions singulières pour chaque sujet, l'invention de façons uniques de faire avec sa boiterie, pour pouvoir au terme de l'analyse être dans le désir, c'est-à-dire dans l' « envie », à écrire en un ou deux mots : envie ou en-vie.

Au final, c'est cela que permet une analyse : habiter sa vie, avec ses aléas, ses contraintes, dans une sorte de joie légère, avec **envie**.

Table des matières

AVANT-PROPOS 7

CHAPITRE 1 - INCONSCIENT ET SYMPTOMES 9

CHAPITRE 2 – LA CASTRATION 23

CHAPITRE 3 – L'ŒDIPE 29

CHAPITRE 4 – LES STRUCTURES PSYCHIQUES 33

CHAPITRE 5 – LES TROIS REGISTRES : REEL, SYMBOLIQUE, IMAGINAIRE 41

CHAPITRE 6 – OBJET PERDU ET DESIR 51

CHAPITRE 7 – LA NEVROSE HYSTERIQUE ET LA NEVROSE OBSESSIONNELLE 57

CHAPITRE 8 – LE STADE DU MIROIR 63

CHAPITRE 9 – L'AUTRE ET L'AUTRE 73

CHAPITRE 10 – JOUISSANCE, REPETITION ET FANTASME .. 81

CHAPITRE 11 – L'ANALYSE 87

L'HARMATTAN, ITALIA
Via Degli Artisti 15 ; 10124 Torino

L'HARMATTAN HONGRIE
Könyvesbolt ; Kossuth L. u. 14-16
1053 Budapest

L'HARMATTAN BURKINA FASO
Rue 15.167 Route du Pô Patte d'oie
12 BP 226
Ouagadougou 12
(00226) 76 59 79 86

ESPACE L'HARMATTAN KINSHASA
Faculté des Sciences Sociales,
Politiques et Administratives
BP243, KIN XI ; Université de Kinshasa

L'HARMATTAN GUINEE
Almamya Rue KA 028
En face du restaurant le cèdre
OKB agency BP 3470 Conakry
(00224) 60 20 85 08
harmattanguinee@yahoo.fr

L'HARMATTAN COTE D'IVOIRE
M. Etien N'dah Ahmon
Résidence Karl / cité des arts
Abidjan-Cocody 03 BP 1588 Abidjan 03
(00225) 05 77 87 31

L'HARMATTAN MAURITANIE
Espace El Kettab du livre francophone
N° 472 avenue Palais des Congrès
BP 316 Nouakchott
(00222) 63 25 980

L'HARMATTAN CAMEROUN
BP 11486
(00237) 458 67 00
(00237) 976 61 66

653537 - Mai 2016
Achevé d'imprimer par